JN169505

名前のない母子をみつめて

日本のこうのとりのゆりかご　ドイツの赤ちゃんポスト

蓮田太二・柏木恭典 著

Gazing at the Nameless
Mothers and Babies

北大路書房

はじめに――なぜ彼女たちは、赤ちゃんを捨てるのか？――

今、一人のいのち、一つのいのちが軽くなってきているように感じるのは気のせいだろうか。

近年、話題になることは、どれも大きな物語ばかりで、小さな物語となると、日々、寄せてはかえす波のように、現れてはあてどなく消えていく。

大きな物語、たとえば「民主主義」、「憲法改正」、「貧困格差」、「不平等社会」、「グローバル化」、「安全保障」、「民族紛争」、「人種差別」などについて議論することは、たしかにそれはそれでとても大切なことであろう。

だが、大きな物語というのは、どれも実際には、無数の小さな物語の寄せ集めによって成り立っているはずである。

「貧困」という言葉を一つ取ってみても、実際には、どこかの誰かが、この問題に直面し、まさに今、そのことで苦しみ、悩み、「明日、どうしようか」、「明日一日をどうやってしのごうか」と途方に暮れている、そのことを指している。その人には、その人の故郷があり、名前があり、誕生日があり、生身の体がある。そして、自尊心があり、想いがあり、願いがある。

それは、貧困に限った話ではないだろう。

大きな物語の中には、その中で生きる一人の人間が必ず存在している。

一人のいのち、しかも、今にも消えてしまいそうなろうそくの小さな炎のように、ゆらゆらと揺れているいのちに対して、私たちはどれだけ真剣に向き合うことができているだろうか。

今も、年間に3万人もの人が自らいのちを断ち、毎年20万の胎児が人工妊娠中絶によって殺められている。こうした「万単位」の大きな話は、各メディアを通じて話題になる。大きな物語には大きな数字が求められ、その数は大きければ大きいほど望ましい。

その一方で、毎年100人ほどの赤ちゃんが、親によって殺されたり、置き去りにされたり、親と共に亡くなったりしている。

こうした小さな物語は、都度、個々に報じられはするものの、すぐに忘却されていく。


本書は、そんな赤ちゃんとお母さんの小さな物語に目を向ける。


この世の中には、望まない妊娠をしてしまいつつも、「お腹の子」を中絶したくないと葛藤している妊婦や、「お腹の子」に気づくのが遅く、中絶可能な時期を超えてしまい、しかもそのことを誰にも相談できず、独りで悩んでいる妊婦がいる。

こうした妊婦たちの多くは、決して他人にそのことを打ち明けたり、相談したりすることがない。ゆえに、誰にも知られることもない。

また、自宅や車中など、医療機関ではない場所で、ひとりで出産し、生まれたばかりの赤ちゃんを目の前にして、行く宛もなく、窮地に立たされる母親がいる。

そんな母親は、パニック状態に陥り、赤ちゃんを殺害して遺棄したり、どこかにその赤ちゃんをそのまま置き去ったりする。

彼女たちは、逮捕された後、決まり文句のように「誰にも相談できなかった」と語る。

本書では、このように誰にも相談できず、誰にも知られず、社会の片隅に取り残された妊婦と胎児、あるいは母と子を「名前のない母子」とし、彼女たちに向き合うことについてじっくりと考えていきたい。

一つだけ、例を挙げたい。

あなたは、今、「妊婦」であると仮定しよう。

もしあなたの大切な恋人・パートナーが、人工妊娠中絶が可能な22週を過ぎた後に、あなたに突然こう告げてきたら、どうするだろうか。

「…すまない。これまで言い出せず、隠してきたけれど、僕には妻子がいる。妻子を見捨てるわけにはいかない。妻は重い病を患っている。子どもはまだ2歳で、私がそばにいなければ、この子の面倒を見る人はいない。君のことは愛している。だけど、お腹の子の父親にはなれない」

そして、その後、相手の男性が姿を消し、連絡も途絶えたら、あなたはどうするだろうか。

さらに、もしあなたの両親が極めて厳格で真面目な人で、社会的地位も高く、さらにあなたにとって逆らうことのできない威圧的な存在だったら、どうするだろうか。また、あなたの周囲に頼れる人もなく、経済的にも厳しい状況だったら、どこの誰に助けを求めればよいだろうか。

そして、その妊娠を隠し、なかったことにし、時間だけが過ぎていき、ついには陣痛が始まってしまったら、一体どうすればよいのだろうか。

赤ちゃんポスト「こうのとりのゆりかご」の設置者である蓮田太二は、こうした特殊な状況下にある名もなき母子に目を向け、寄り添い、そして、そのために行動した一人の勇敢な医師である。

2007年5月10日、蓮田は、世間の厳しい視線を浴びながらも、日本で初となる赤ちゃんポストの運用を開始した。マスメディアは、これを大々的に報じ、センセーションを巻き起こした。

それから8年、2015年4月の時点で、実に112名の赤ちゃんが、蓮田のつくった「ゆりかご」に預け入れられている。

赤ちゃんポスト「こうのとりのゆりかご」については、すでに多くの日本人が知るところであろう。匿名で、赤ちゃんを預けることのできる小さな施設である。

だが、それを設置した蓮田がなぜ、匿名の、つまり名前のない母子のために、「こうのとりのゆりかご」を設置しようと思ったのか、また、そもそも蓮田とはいったいどんな人物で、どのような人生を歩んできたのかについては、十分に知られているとはいい難い。

そこで、本書では、まず「こうのとりのゆりかご」設置に至るまでの彼の道のりをたどりながら、蓮田の人物史的な背景について語っていく。

次いで、赤ちゃんポスト発祥の地であるドイツに視点を移し、赤ちゃんポスト研究の視点から、赤ちゃんポストの誕生の背景に迫っていく。そして、この赤ちゃんポストと併せて、20世紀末に生まれた新たな「匿名の母子支援」の取り組みについて見ていくことにしたい。とりわけ２０１４年に合法化された「内密出産」については、詳しく述べたいと思う。日本では、未だに議論さえ生まれていないが、潜在的なニーズは高いように思われる。

そして、最後にドイツで実際に母子支援を行っている実践者に視点を向けて、ドイツ人の目線からこの問題について考えていきたい。本書では、３人の実践者の声が収められている。

最後に、本題に入る前に、妊婦と胎児、母と子についての私たちの基本的な見解を示しておきたいと思う。日本では、「子どもは実の親に育てられることが最も幸せなことだ」と考える人が今なお多く、望まない妊娠に苦しむ女性に対しても、「育てられないなら、子を作るな」、「無責任だ」と非難する傾向が強い。しかし、だからといって、「育てられないなら、人工妊娠中絶すればよい」ということにはならない。望もうとも、望まなくとも、お腹の中の胎児は、やがて、そう遠くない未来、赤ちゃんとして生まれるべく、すでに「存在している」のである。

生まれてくる赤ちゃんは、たとえ実親の下で育てられなくとも、特定の誰かにしっかりと愛されて、大事にされて育てば、その後、自分の足で、自分の人生を歩むことはできる。親が育てられないからという理由で、安易に人工妊娠中絶を薦めるべきではない。そういう思いから、特別養子縁組が、１９８７年の民法改正によって法的に認められ、１９８８年から実施されるようになった。

しかし、血のつながり、つまり血縁を重視する日本では、今なお特別養子縁組という選択肢が根づいているとは言えない。

さらに、日本では、女性は痛みを伴う出産を通じて母性に目覚め、よき母になるという神話も根強く、赤ちゃんを里親や養父母に託すことへの抵抗感も強い。それどころか、「養父母は、赤の他人だから何をするか分からず、危険である」という世の中の偏見も根強い。

ゆえに、実の母親自身が、子を養子縁組に託すことをためらい、子育てできる状態になくとも、無理をして、子育ての責任を負おうとするのである。その結果として、予期せぬ深刻な事態を招くケースもある。

それと同時に、社会の側も赤ちゃんを養父母に託すことをためらっている。特別養子縁組の成立を希望する夫婦が大勢いるにもかかわらず、実際に成立した縁組数は、民間養子縁組あっせん事業を含めても、全体の10％ほどしかない。

こうした中、望まない妊娠に苦しむ女性たちも、「育てられないなら、他に引き取り手がいないなら、中絶するしかない」、「それが、『お腹の子』にとっても最善の道なの」という結論に至り、医師と当事者のあいだで中絶を取り決め、人工妊娠中絶を実施することになるのである。

しかし、現在、世界的な認識として、「実親に育てられるかどうかは問題ではなく、愛情のある家庭で育つかどうかが問題である」と考えるようになっている。

実の親に育てられれば、それで子どもは幸せになれるというのは、明らかに間違いである。それは、実親に虐待を受けて育った子どもに関する報告書や研究成果からも明らかであろう。誰に育てられるかではなく、どう育てられるかが重要なのである。

逆に、幼い頃から最も身近な人間存在から愛されず、暴力を受け、暴言を浴びせられ、あるいはネグレクト（育児放棄）されて育った子どもは、人間形成上、致命的で深刻な問題を抱える可能性が高いと言われている。もちろん、後に愛深き素晴らしい他者や芸術や文化などと出会い、生き方全体ががらりと変わるような可能性もないとは言わないが、愛情のない家庭で育たなければならない子どもの痛みや苦しみやその劣悪な状況をそのまま見過ごすことはできない。

名前のない母子の問題は、数値的に見れば、ごく小さな問題に過ぎないかもしれない。だが、この小さな問題の中に、私たちが考えなければならない大きな問題が含まれているのである。

日本国内外を問わず、現在、「子育て支援」の充実が叫ばれている。子育てに悩む親も増えている。その中で最も目を向けるべきは、子育て以前のところで、誰にも相談せず、それを一人で抱えながら、社会の片隅で苦しんでいる彼女たちではないだろうか。彼女たちを支援できずに、何を支援できるというのだろうか。

本書が、そうした母子への新たな支援の可能性を拓くための一つのきっかけになれば幸いである。

柏木恭典

目次

第1章

母と子のいのちをみつめ続けて

蓮田太二

序節

「誰にも相談できない」母と子をみつめる

今、私は、「こうのとりのゆりかご」を設置して本当によかったと思っている。

私たちの「こうのとりのゆりかご」には、この8年の間に、実に110以上の小さないのちが託されてきた。

その中には、親元に戻っていった子どももいるし、親が名乗り出ず、施設で暮らす子どもや、特別養子縁組によって新たな家庭の一員となった子どももいる。どの子どもも皆、この空の下で、誰かと共に暮らしている。

そんな彼らの幸せを心から願っている。

私は、「こうのとりのゆりかご」の取り組みを通じて、日本の母子の置かれている厳しい状況をありありと思い知った。そして、その制度上の不備を痛感した。この不備の改善こそが、これからの日本にとっての大切な社会的な課題となるだろう。

また、「こうのとりのゆりかご」と連動して、SOS匿名電話相談を行っているが、中には、幼い時に虐待を受けていた女性が望まない妊娠をしてしまうというケースも少なくない。さらには、その女性の家庭内の不和が望まない妊娠の誘因となっているケースも少なくない。

過酷で辛い環境の下で育った10代の女性の望まない妊娠もあれば、複雑な家庭状況の中で生きる30代の女性の予期せぬ妊娠もある。

相談件数は２０１４年度に４０００件を越し、２０１５年度は５０００件をはるかに超えると思われる。

こうした妊娠に思い悩む女性たちに対する支援は、まだ日本では十分に制度化されていないし、その道筋も示されていない。法的な制約も多い。

私たちのところには、日々、「もう育てたくない」、「もう育てられない」、「限界です」、といった育児放棄直前の親からの相談も多く寄せられている。そんな親に対して、何をどうすれば児童虐待の防止につながるのだろうか。

まずは、じっと彼女たちの話を聴くことが何よりも大事であろう。だが、それ以前の問題があるのである。それは、「誰にも知られたくない」、「ばれたくない」という心情の問題である。相談の一つ手前の問題と言ってよいだろう。

日本社会は、いま一度、家族というものを真剣にみつめ直し、子どもにとってかけがえのない最も小さな社会集団である家族というものをしっかりとみつめ、新たに築くべきなのではないだろうか。

そのためにも、幼い子どもを一人ひとり、丁寧に育てていくような教育環境や社会的な支援の充実が欠かせないと思う。

年間20万人を超える人工妊娠中絶。「未成年者」の割合が年々増加している

現在、日本で行われている人工妊娠中絶件数は、20万件ほどである。戦後間もない頃は、年間１００万もの人工妊娠中絶が実施されていたことを考えると、全体的にはずいぶんと減っている。

一方で、近年、20歳未満と20代の人工妊娠中絶件数は、ほぼ横ばいである（21頁図を参照）。20歳未満の件数でみると、平成元年よりも近年の方が増えている。

彼女たちが中絶をした理由については、日本産婦人科医会医療対策委員会などが中心に10代で人工妊娠中絶を受けた女性６２６人にアンケートを実施しており、そこからその原因の一部を知ることができる（「10代の人工妊娠中絶についてのアンケート調査」）。

この調査によると、妊娠がわかったとき、彼女たちの80％以上が「産みたい」もしくは「迷った」という。また、人工妊娠中絶を決断した理由は、「収入が少ない」「未婚のため」「学業と両立できない」「親の反対」などであった。また、中絶しないで済んだ条件として彼女たちが挙げたのは、「学業と両立できれば」「パートナーと結婚できれば」「経済的な問題がクリアできれば」「親に理解があれば」「パートナーに理解があれば」などであった。つまり、相当数の10代の女性が、産みたかったものの、やむを得ず、人工妊娠中絶を選択しているのである。

人工妊娠中絶の実施件数について

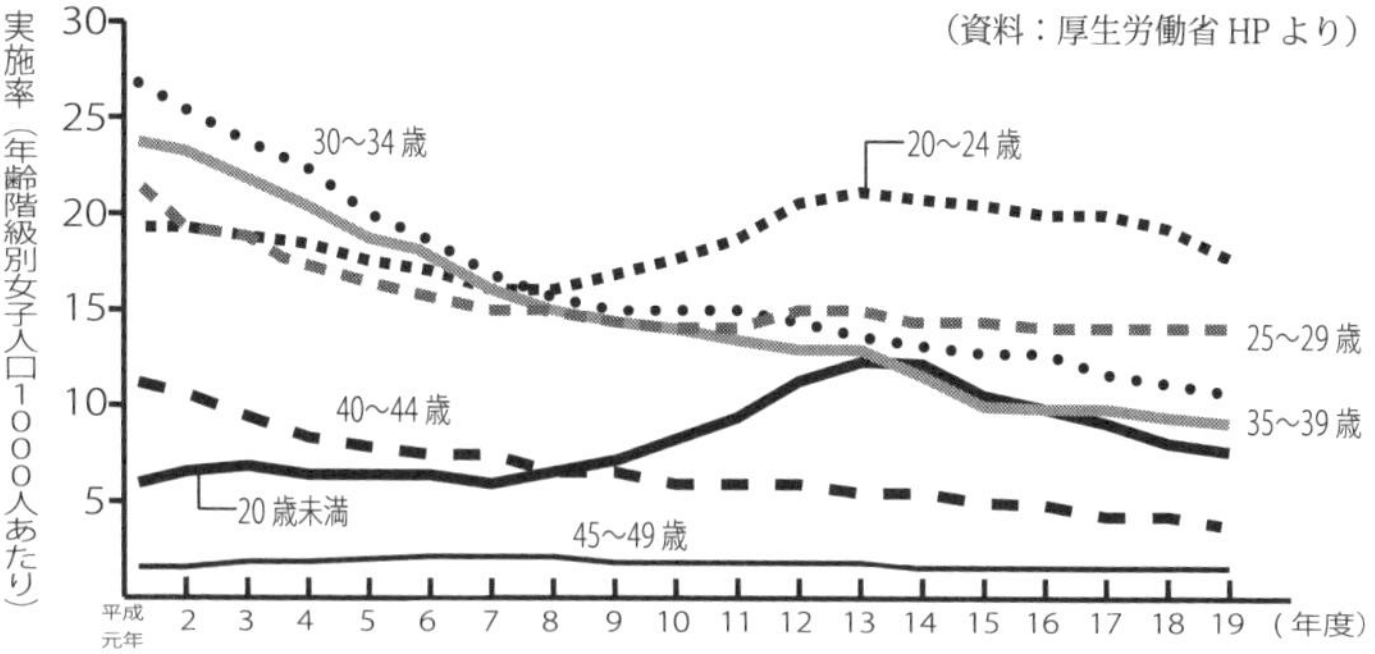

全体的に人工妊娠中絶の実施件数は減少傾向にあるが、20歳未満、20代女性の人工妊娠中絶の実施件数はそれほど現象していないことが分かる。

一般的に、妊娠に気づく時期は、個人差はあるものの、約1か月、遅くても3か月（4～12週）であり、人工妊娠中絶は、主に妊娠11～12週以内に行われている。というのも、それ以降の人工妊娠中絶では、「死産届」と「死体火葬埋葬許可証」が必要となることや、身体的なリスクが高まること、費用が高くなることなどがあるからである。

本来、多くの女性にとって、妊娠は、人生で最も幸福な経験となるものである。しかし、「やむを得ない」理由を抱えながら、自分の妊娠を誰にも相談することができずに、母子手帳も取得せず、十数回行われる妊婦健診も受けず、苦しんでいる妊婦がいるのも事実なのである。

人工妊娠中絶もできずに、さらには安全な場所で無事に出産することさえできない。そんな極めて深刻かつ例外的な状況下に置かれた「名前のない母子」がいる。そして、彼女たちを救いたいという一心で考え出されたのが、「こうのとりのゆりかご」であった。

22週のタイムリミットに、追いつめられる妊婦たち

日本の法律では、21週6日目（妊娠6か月の中頃）まで人工妊娠中絶は可能である。しかし、22週以降になると、保育器での生存が可能となるため、人工妊娠中絶は認められていない。

ゆえに、「やむを得ない」理由で出産を断念する場合、多くの女性は、遅くとも21週6日までに、人工妊娠中絶の実施を決断している。

しかし、中絶可能期間を過ぎた後に出産とその後の養育が困難となった場合や、この期間が過ぎた後に妊娠に気づく場合には、実際、妊婦はどうすることもできなくなる。

たとえば、妊娠22週以降にパートナーに妻子があることを知った女性が、相手の男性と連絡が取れず、自身の収入がなかったら、厳格な親で妊娠を伝えられず、中絶可能期間が過ぎてしまったら、誰にも相談できずに、一人で悩み、追いつめられることになる。そして、出産する時期を迎えるのだ。

結果、誰にも相談できないまま、陣痛を迎え、自室やトイレなどで死産してしまう、もしくは最悪の場合、生まれたばかりの新生児を捨ててしまい、犯罪者となってしまうこともある。

残念ながら、日本でも毎年、新生児を遺棄、殺害する事件が発生している。

【参考】新生児遺棄・殺害事件の例

●2014年3月、宮崎市内のアパート通路に置かれた紙袋の中から、生後まもない男児を発見。逮捕された母親は、11年にも女児を出産し、アパートの別室のドアノブに赤ちゃんが入ったバッグをかけ立ち去った。ふたりの赤ちゃんは、誰が父親かわからず、また借金に追われていたため、養うことができず、自宅の浴室で出産し、捨てたという。

●2015年9月、埼玉県羽生市の団地敷地内にあるゴミ集積所に、生後まもない女児の死体が捨てられているのを、清掃作業員が発見。白いビニール袋に裸で入れられ、へその緒もついたままの状態だった。

●2015年9月、沖縄県うるま市の女子生徒（中学3年生14歳）は、自宅のトイレで出産、ビニール袋に入れ団地の緑地帯に捨てたという。母親にも話すことができず、どうしていいかわからなかったと供述。

●2015年11月、茨城県鉾田市の市道に生後まもない女児が裸で放置されていた。女児の母親（24歳）は「産むことを誰にも相談できなかった。頭が真っ白になった」と供述。同居していた家族も、妊娠に気づかなかったという。

こうした新生児遺棄や殺害の報道は、氷山の一角にすぎず、またその件数を厳密に把握することは極めて困難であろう。なぜなら、こうした遺棄や殺害が発見されないまま、焼却されたり、山中に埋められたりして、闇に葬られている赤ちゃんも多数いると推測されるからだ。

右記の事件でも、「誰にも言えなかった」「まわりの家族も妊娠に気づかなかった」と言うが、このように、出産直後の赤ちゃんの処置や養育に追いつめられ、遺棄や殺害に至ってしまうケースが多いのである。

本質的には、誰にも相談できず、孤立無援のままで、出産が差し迫った状態の妊婦をどうやって支援すればよいのか。ここに尽きると思う。

こうした事件の場合、逮捕されるのは母親である女性たちがほとんどであり、男性の側は何の罪も問われていない。

国を憂う

国に対しても、日々思うことがある。

国というのは、私たち皆が幸せに力強く生きていくためにつくられた集合体であり、私たち自身が、その国のあり方をみつめ、しっかりと育てていかなければならない。そのためには、まず「生きる」という

「責任を負う」ということ

昔、薩摩では、郷教育（郷中教育）という独自の教育が行われていた。

ここでは、元服後の15歳以上の青年を「にせどん（青二才どん）」と呼び、6歳から元服前の青年を「ちごどん（稚児どん）」と呼んでおり、にせどんが、ちごどんに社会的規範をしっかりと教え伝えていた。

たとえば「いじめをしない」、「卑怯なことはしない」、「嘘はつかない」、「自分の利だけになるようにしない」といったことについて稚児たちと語り合い、その大切さを教え伝えていたのである。

また、当然だが、「薩摩を守る」ということも教えていた。幼い稚児に、「青二才」の若者たちが、自分たちの「責任」について教え伝えていたのである。


現在では、このように15歳くらいの若者が、小さな子どもたちに人間として大切なことを教えるという機会はほとんどない。人は、教えることで、真に学ぶのである。そういう機会がないというのは、実に惜しいことである。

だからこそ、やはり「すべきこと」や「してはいけないこと」については、いつの時代においても、教え伝えていかなければならないし、それを通じて、若者たちに考える機会をしっかりと与えるべきだろう。


今の日本の男性は、女性の妊娠に対して、またお腹の中にいる新たないのちに対して、どこまできちんと責任を負おうとしているのだろうか。

安易な男性の性衝動の背後に、責任の欠如を感じざるを得ない。


望まない妊婦たちの相談を聞くたびに、そんな日本の自分勝手で無責任な男性像が浮かんでくる。男性も、今一度、しっかりと考えていかなければならないのではないだろうか。

ことを、各個人がおのおのしっかり考えていかなければならないはずである。

生きることに直接かかわる育児や子育てもまた、私たち一人ひとりの重要な仕事である。この大切な仕事に誇りと自信をもってしっかりと行っていけるようにしていくことも、国の大切な仕事であろう。

だが、今の国は、その根源的な仕事の意味を忘れて動いているように見える。

国の未来を担う子どもたちにとって大切なことにまで、しっかりと考えが及んでいるようには思えない。国は、しっかりと、子どもを、そしてその母親をみつめているだろうか。

「少子化対策」と「子育て支援」を声高に叫びながらも、それに対するしっかりとした現実的な支援ができているとは思えない。

厳しい貧困ゆえに子育てに苦しむ人や周囲に相談できずに悩む人たちがいるということに対して、国も行政も、まだ十分に対応しきれていないように思う。

そうしたことに対する予算を組み、社会的インフラに投じることができれば、社会的養護にかかる費用ももっと少なくできるはずである。

母子にとって本当に必要な子育て支援をしっかりと行わなければ、言うまでもなく、少子化や人口の減少に歯止めはかからないだろう。

国もまた試されているのである。

人間としての生き方

私は、「こうのとりのゆりかご」に預けられた赤ちゃんの「その後」を心配している。そして、「大丈夫だろうか」、「元気に暮らしているだろうか」と、いつも考えている。そう考えない日はない。同時に、110人以上の預けられた赤ちゃんと向き合ってきた私からすると、現状の社会的養護の制度やシステムへの疑念を抱かざるを得ない。

とりわけ、預けられた赤ちゃんたちの3か月以内の速やかな養子縁組の成立、あるいはそれを前提とした里親委託を強く望んでいる。事実、赤ちゃんを望んでいる人は多い。2015年の今も、およそ9000の夫婦が養子縁組を望んでいる。

現実的にその理想を語れば、こうである。

まず、赤ちゃんが生まれる前の段階で、養父母たちに対してオリエンテーションを行う。子どもを養育しないという動機、思いを手紙に書いてもらう、更に約4時間の面接を行う。そして実母の出産時に分娩疑似体験等を行ってもらう。そうすることで、自分が産んだような気持ちになることができる。

次に、赤ちゃんの出産に間接的に立ち会うことである。そして、生まれてきた赤ちゃんを抱っこするのである。

もちろん、沐浴指導や調乳指導等も行う。このような指導をしっかりと行えば、養父母であっても、「我

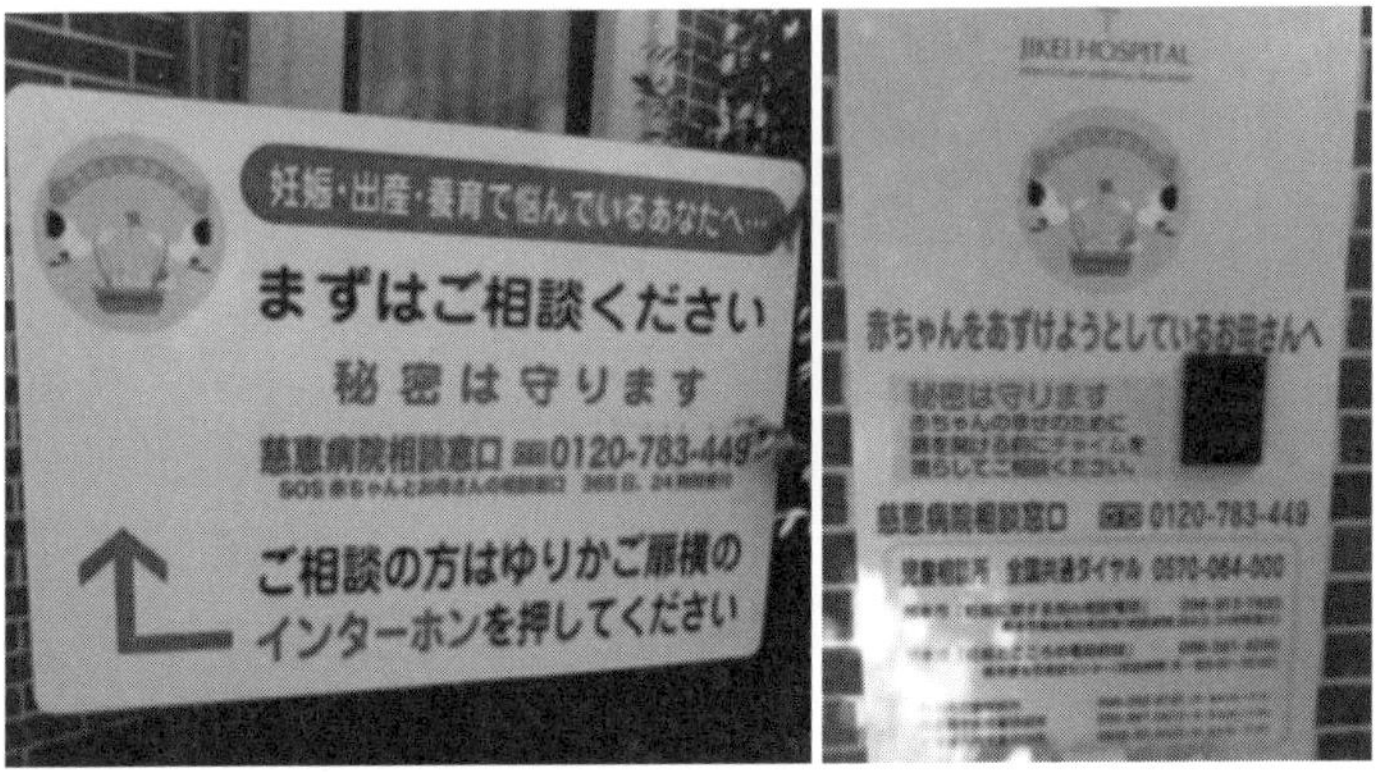

「ゆりかご」利用の前に相談を呼びかける

が子」として最初の段階から「親」になることはできる。たとえその赤ちゃんに障害があっても、ゆるぎない（我が子という）確信を抱くようになるだろう。

それが「愛着」というものである。

「こうのとりのゆりかご」も大事だが、それ以前の接触（コンタクト）や相談が何よりも重要である。「こうのとりのゆりかご」に預ける前の「相談」である。

今、現在も追いつめられた母子は必ずどこかに存在しているのである。

こうした遺棄や殺害の犯罪に至る一歩手前の母親とその子どもを救うために、「こうのとりのゆりかご」の扉は開かれている。最終的には、「こうのとりのゆりかご」に赤ちゃんが預け入れられないのが最善である。だが、現状を踏まえると、まだ「こうのとりのゆりかご」を必要とする妊婦はいなくなりそうもない。

傘寿を迎える私が今、一番願っているのは、若い人たちに、人間としての生き方、在り方をしっかり学んでほしいということである。

そんなことを願いながら、赤ちゃんポスト創設に至るまでの道筋と、私自身のこれまでの人生の歩みを語っていきたい。

これらを通じて、読者のみなさんに何かが伝われば幸いである。

第1節　慈恵病院との出会い

慈恵病院の歩み

私が現在理事長を務める慈恵病院は、その歩みからして、少し独特な病院だった。そこで、同病院の歴史とその歩みについて、簡素に述べておきたい。

1898（明治31）年、熊本市花園（中尾丸）に、マリアの宣教者フランシスコ修道会によって、ハンセン病患者のための施療院が創設された。

この施療院は、宣教活動のために来日していたフランス出身のジョン・マリー・コール神父様が、ローマのマリアの宣教者フランシスコ修道会に呼びかけて建てられたものである。この施療院は、「待老院」と名づけられた。

1915（大正4）年、俵の中に老婆が入れられて捨てられているのを保護したことをきっかけに、「聖母の丘老人ホーム」を創設、さらに、「孤児院」、「幼稚園」、そして貧困で医療を受けられない方のための「施療院」が創設された。

この「施療院」が基となって、その後、琵琶崎聖母慈恵病院となる。そして、一般病院として、地域の

マリアの宣教者フランシスコ修道会会長様らが病院を訪問（昭和50年頃）

医療福祉の拠点となり、地域の人々のために大きな貢献を果たしていった。

この時代にあって、どこよりもいち早く「地域密着型の医療福祉」を試みた病院だったのである。

私が１９６９（昭和44）年はじめて赴任した当時の慈恵病院の院長は、日本人シスターであった。60歳くらいだっただろうか。総婦長（現看護部長）は、アイルランド出身のシスターで、シスターは17名ほど勤務しておられた。

寝食を患者たちと共にし、患者のためだけに己の人生を捧げる彼女たちの姿を目の当たりにすることで、私の人生観は大きく変わったように思う。

私が赴任した頃に出会った一人のシスターのことをここで綴っておきたい。

昭和44年当時、助産師として長年勤務し続けていたシスター鼈甲屋《べっこうや》ソイ（洗礼名タルチア様）という方である。シスターは、お産の際に、当たり前のように、ずっと妊婦さんの腰をさすり続けるような献身的な女性だった。今でも、「あのシスターはお元気ですか？」と聞かれることがある。それほど、誰からも信頼される人情の厚い人だった。

彼女は、1キログラムに満たない未熟児のためにも全精力を費やした。

誰よりも赤ちゃんの命のことを優先して考えるシスターだった。全く私利私欲のない人だった。私の中で彼女は、マザー・テレサのような存在となった。身も命も投げ打って、患者のために尽力する彼女は、私の支えとなり、とても勇気づけられた。彼女のあの利他的な生き方は、今思い返しても、胸が熱くなるほどである。

シスターのように、我が身を顧みず一人ひとりの妊婦さんに専心没頭するシスターは他にもたくさんおられた。

あるシスターは、入院していた肝硬変の患者が吐血した際、自らも血を浴びながら、ずっとその患者のそばにいて、支え続けたという。

慈恵病院は、当時大学病院でも助けないような小さな未熟児の命を助けるために、並ならぬ努力を費やしていた。未熟児だけではない。障害をもって生まれてきた子どもに対しても、同様だった。

慈恵病院には、自らを顧みずに、妊婦や患者のために尽力することをまったく厭わない人がたくさんいたのである。

私の一人の人間のいのちに向き合う姿勢は、ここで学んだと言っても過言ではない。

当時の慈恵病院は、内科、外科、耳鼻科、小児科、産婦人科の小規模の病院（65床）だった。医師はそれぞれ一名ずつ、合計5名いた。産婦人科としては12床あった。産婦人科医は私ひとりだけだった。

現在では、内科、外科、小児科、産婦人科、麻酔科があり、一般病床98床、年間分娩数は、1600件ほどである。

戦後の孤児を受け入れていた「愛児園」

私が赴任した当時、病院の隣には、聖母愛児園（1898―1973）という児童福祉施設があり、そこに、大勢の子どもがシスターと共に暮らしていた。その頃、島崎教会の司祭館に、新生児が遺棄されるという事件があった。

しかし、1973（昭和48）年、愛児園は閉鎖されることになる。

その理由の一つは、孤児となった子どもの人数が少なくなったことにある。世間では「コインロッカーベイビー事件」が話題となっていた頃で、決して捨て子が全くいないわけではなかった。とはいえ、戦後、町中に溢れていた孤児たちの姿はなくなり、児童福祉施設も充実してきたこともあり、愛児園の果たす役目はほぼ終了していた。

もう一つは、自分たちが愛情をもって大切に育てても、施設という場所では、やはり親が育てるようにはいかない、という気持ちがあったのだと思う。

できるだけ家庭で育てるべきだ、という判断もあっただろう。

加えて、日本は経済的に良くなってきており、もっと支援が必要な開発途上国に行ってほしい、という修道会本部からの要請もあり、若いシスターたちは、日本ではなく、アフリカや中南米へ派遣されるようになっていた。

日本の施設も、もともとは貧しい人たちのためにつくられたもので、かつては本部のあるローマから多くの支援があった。慈恵病院に隣接する待老院も、長い間外国からの助成金で運営が成り立っていたので、こうした修道会の路線変更は、私たちの病院にとっても、大きな痛手となった。

慈恵病院の院長となり、激務の日々を過ごす

ちょうどこの頃、労働争議が、全国各地の病院で起こっていた。東京のある修道会が運営する病院でも労働争議が起こり、修道院のシスターたちも、「もはや病院の経営は困難である」と考えていたようである。

慈恵病院もまた、医局から、「この病院は古くなってきているので、時代に合ったふさわしい建物や設備を整えなければ」という要望が出て、そのことが議論された。

ところが、シスターたちからは、経営的にそれ程余裕もなく、「改築しなければならないのなら、閉鎖しましょう」、と言われた。ところが、その地域に暮らす住民たちの閉鎖反対の声が強くあがり、病院の継続が決まった。

決定したのは、マリアの宣教者フランシスコ修道会本部であった。

私が慈恵病院に赴任して3年目、36歳の時、マリアの宣教者フランシスコ修道会の方から、自分たちによる経営はやはり厳しいので、院長を引き継いでくれないか、と相談された。

まだ経験の浅い私には無理ですと、その話を断ったところ、「もし病院が倒産になる時には、全責任を私が負うので、是非とも引き受けてほしい」、と言われ、私は引き受ける決断をした。

とはいえ、産婦人科医は、変わらず私一人だけである。一人で24時間、病院の勤務にあたった。24時間ほぼ３６５日拘束された状態だった。

かろうじて、月に一度だけ休日を取ることができた。

産婦人科の世界は、常に何が起こるか分からない世界である。大量出血を起こす妊婦のリスクは常にある。休日だからといって、私が産婦人科医である以上、遠くに離れることはできないのである。

一度だけ、「あなたは、仕事は一生懸命やっていた。でも、子どもたちには何もしてなかった。一度でもよいから子どもを抱きしめてあげてほしかった」、と妻に言われたことがある。申し訳ない気持ちでいっぱいだったが、妊婦さんたちを放っておくことは、私にはできなかった。

未熟児の合併症をめぐり、10年に及ぶ医事紛争

私が赴任して2年目、1970（昭和45）年に生まれた未熟児の網膜症に関する裁判で訴えられることになった。

それから判決が出るまでの約10年間、この裁判に苦しむことになる。

当時の医療では、大学病院でも未熟児の養育医療は困難だった。命は取り止めたものの、網膜症のために、その子は失明していた。そのことに対して、家族が裁判を起こしたのである。

「我が子が失明したのは、眼底検査をせずに、医師たちが適切な治療を行わなかったからであり、医療過誤ではなかったのか」という訴えであった。

私は、大きなショックを受けた。

未熟児は、どうしても今後生まれてくる。未熟児の網膜症（合併症）を絶対引き起こさないためには、いざという時、その子の命を救わないという選択肢しかない。事実、「なぜ未熟児を助けたのか？」、という批判もあった。

だが、慈恵病院のシスターたちは、どんな赤ちゃんの命も大切にしていたし、どんなに小さな未熟児であっても、他の赤ちゃんと同じように世話をしていた。私も、先人たちと同様に、小さな未熟児のために

尽力しただけだった。

「網膜症を覚悟して未熟児として生まれてくる赤ちゃんの命を守るのか、それとも、その子を見殺しにするのか。どちらが正しいことなのだろうか。どちらがその子にとってよいことなのだろうか」

この時代は、国内の一病院が網膜症の治療について、学会で発表していただけで、未だ大学病院であっても、大病院であっても、未熟児の眼底検査はまだ行っておらず、未熟児網膜症は発生していた。

こうした裁判は、慈恵病院のみならず、全国の未熟児医療に携わる医療機関で起こっていた。全国約200か所の地域で行われていたように思う。

最初の一週間は眠れなかった。そして、未熟児に対して、今後どう向き合っていくか、考え続けた。

この時、シスター鼈甲屋は、強い口調で、「先生はやるだけのことはやった。あとは、神に祈りましょう」、と言ってくれた。その言葉に、私は救われ、本当に勇気づけられた。

まずは、医師としては、命のために尽くすことが最善なのだ。どんなことがあっても、命を守ることが第一優先なのだ、という結論に達し、迷う気持ちがふっきれた。

それ以後、私は、３か月に一度ほど裁判所に呼び出され、相手の弁護団３人に糾弾され、犯罪者扱いされ、屈辱を味わうことになった。

当時は、医療ミスとしか見なされなかった。

裁判は、実に10年間ほど続き、数十回は呼び出されたであろう。

最終的には、当時の医療水準が考慮され、「訴えの棄却」となった。つまり、患者側の敗訴となった。

とはいえ、私は、疲れ切った。一人で産婦人科勤務を行っていたので、差し迫る毎日の診療のほか、病院全体の運営、そして裁判と、多忙の限界に達していた。その時に支えになったのは、シスター鼈甲屋と妻の存在であった。

医療法人聖粒会の設立へ

日本は、高度経済成長の真っ只中にあった。世の中全体が、活気づいていたというか、浮き足立っていた。人々の暮らしも、戦後直後のあの貧しさが本当にあったのか疑いたくなるくらいに、豊かに、裕福になっていった。

だが、当時は医療費が上がらず、どこの病院も経営的に厳しい時代であった。そのため、どの医療機関にも人が集まらず、求人難に陥っていた。慈恵病院も同じように、常に人手不足に苦しんだ。

世の中の景気は良くなるばかりで、病院で働いていた知的障害をもった人さえも、もっと良い条件のところで働くことを考えて、慈恵病院から去っていった。

１９７８（昭和53）年、私が42歳の時に、医療法人聖粒会を立ち上げ、これまでの社会福祉法人から運営主体が移管された。その際に、「医療法人聖粒会慈恵病院」と名称変更を行った。

医療法人に変えた理由は、当時の厚生省が社会福祉法人設立に対して厳しい抑制をかけていたためであった。

医療法人聖粒会の理事長に就任した私の背中には、病院の改築という問題もあり、ますます責任という文字が重くのしかかってくるようになった。同時に、身が引き締まる思いだった。

強いものだけが生き残るのではなく、誰もがかけがえのない命を生きる世界に

それからの数年は、産婦人科医の仕事にひたすら専念した。

一人で診療を行っていたため、周囲から、「待ち時間の長い産婦人科」と悪評を受けていた。それほど多くの妊婦や婦人科の患者が私の診察を希望してくれていたのである。多忙を極めたが、嬉しいことでもあった。

70年代の末には、もう一人、私と同じ年の産婦人科医の医師が慈恵病院に常勤で勤めることを決めてくれ、大きな戦力となった。

そんなこともあって、学会にも積極的に参加した。産婦人科学会のみならず、未熟児・新生児関係の学会にも頻繁に参加した。内視鏡手術学会にも出席した。もちろん、私自身も学会発表をすることもあった。

婦人科の手術もよく行っていた。たとえば、子宮筋腫、良性の卵巣腫瘍、子宮脱、子宮腺筋症の手術を行っていた。手術といっても、専ら内視鏡手術、膣式手術等であった。

40代から50代にかけては、ただただ忙しい日々だった。

その中で、先天的に障害をもった子どもとその親との素晴らしい出会いがあった。障害をもった子どもが自分の家族や周囲の人たちを勇気づけ、幸せをもたらす、ということもあり、色々と考えさせられた。

このことについては、２００５（平成17）年に出版された『手間ひまかける　気を入れる』という本の中の「ある障害児と家族の絆」で詳しく述べた。

強い者だけが生き残っていくという「ダーウィニズム」の考え方には、とても同意できない。

昔は、「障害をもった子どもはもうダメなんだ」という考えが支配的であり、社会から疎外される時代だった。しかし、現代社会には、ノーマライゼーションやインクルージョンという思想がある。障害のある子も、ない子も、未熟児も、また望まない妊娠によって生まれた子も、皆、等しく、かけがえのない命をもった存在なのである。

３万５０００もの出産に立ち会い、「何も起こらなかった」ことへの感謝

私の家系は、キリスト教とは無縁であった。

父は、生粋の国文学者であったし、母方の祖父母もキリスト教とは無縁だった。妻の祖母方も寺族であったし、私の父の実家は寺の住職だった。私自身、キリスト教徒になるということは、全く想定していなかった。

しかし、１９９８（平成10）年に、私は洗礼を受けることになる。

私は、産科医という立場で、数えきれないほどの出産に立ち会ってきた。

出産というのは、決して安全に、スムーズにいくものばかりではなく、数年に一度は必ず母子の命が極めて危なくなるような現場に遭遇する。

現在は、医療技術が格段に向上し、かつてとは比較にならないほどに、安全に出産できるようになった。

しかし、その出産の後に予期せぬことが起こることがある。

その一つが、予想不能な癒着胎盤や胎盤早期剥離による大量出血である。

大量出血が始まると、産婦に接して置いている深型の洗面器より溢れて、床にその血液が流れ出していく。そうなると、早急に両手両足から輸血し、あらゆる処置を施すことになる。それでも、出血が止まらないこともある。現在は、そのような場合、子宮に入っていく動脈を塞栓することで止血することができるが、以前はそれができず、出血を止める方法としては子宮を摘出するしかなかった。だが、子宮を摘出するためには、家族の同意を得なければならない。だが、その同意を取るのが、意外にも難しいのである。

かつてこういうことがあった。

春先の季節、出産後の大量出血が起こった。その時、夫は花見に行っていて、連絡が取れない。何とか、その夫を探し出すことはできたのだが、夫はすでに酔っぱらっていてまともに話ができない。医者も看護師もすぐに手術ができるように、患者さんを手術台の上にのせて準備を整えているものの、泥酔した夫は、「俺にわかるように説明しろ！」、と言っていて話にならない。そうしているうちに、母体に痙攣が起こる。

この痙攣は、出血している女性が生死の境目にあることを示すシグナルのようなものである。

医者は、もう麻酔は使えないと判断した。そばにいた女性の母親は、「私が全責任を負うので、すぐに手術をしてください」と言った。もはや麻酔は使えないので、麻酔なしで手術を始めた。

まず、腹部を切開し、子宮内に入ってくる4つの動脈を挟んで血流を止める。輸血によって両手両足から血を送っているので、体内の血液が増加する。そうすることで、痛みを感じ始めるので、それを確認した上で、麻酔をかける。そして、子宮を摘出するのである。

こうした手術をしても、助かる場合と助からない場合がある。

産科医は、常にこういう危険と隣り合わせである。私も、これまでに何度もこういう場面に遭遇している。「もう助からないかもしれない…」、と思う時、私は、神に祈るしかなかった。

神に祈りながら、必死になって手を動かし続ける。すると、不思議なことに、助かる道が開けてくるのである。

偶然なのか、必然なのかは分からないが、こうしたことが何度も繰り返される中で、次第に、「神に助けていただいている」という気持ちが日に日に増していった。

振り返ってみれば、私は、これまでの人生において、実に3万5000ほどの出産に立ち会ってきた。大学から派遣された他の医師にお願いする時でも、自分の病院の産婦であるのだからと、必ずその出産に立ち会うようにしてきた。3万5000という膨大な出産に関われれば、妊産婦が命を落とす例に遭っても不思議ではない。

しかし、幸いにも、私の病院では、一人も死者を出すことなく、全ての妊婦の健康と安全を守ることができた。

これはもう、「神に助けていただいた」としか言いようがないことである。

そして、「これは神の助けがあってのことだったのだ」という思いに至り、洗礼を受けることにした。

だから、私の場合、何か不慮の事故や挫折や不運があったから洗礼を受けたというのではなく、逆に、この長い医師としての人生の中で度々助けて頂いたという感謝の気持ちが募り、またキリスト教の素晴らしい方々との出会いもあり、洗礼を受けるに至ったと言ってよいだろう。

1998(平成10)年に洗礼を受けた。赤ちゃんポストのことを知る少し前の話である。

第2節
「こうのとりのゆりかご」への道

「2年でたった一人」の捨て子を受け入れる姿に、医師としての使命を改めて思い出す

私が赤ちゃんポストを知ったのは、２００３（平成15）年頃だったと思う。

胎児のいのちについて考え続けている生命尊重センターが毎月発刊している『生命尊重ニュース』に掲載された同センター副代表の田口朝子さんの記事がきっかけだった（１５０頁参照）。その頃は、「捨て子ポスト」や「捨て子ボックス」と呼ばれていたと記憶している。

生命尊重センターは、１９８２（昭和57）年のマザー・テレサの来日をきっかけに、つくられた民間団体である。妊婦と胎児の命の尊厳を守るために、実に30年続いてきた歴史ある団体である。１９８４（昭和59）年からは、月刊誌『生命尊重ニュース』を発刊しており、また経済的に厳しい妊婦の出産にかかる費用の一部を負担する「円ブリオ基金」なども行っている。さらに、２００２（平成14）年から、「妊娠SOSホットライン」を開設して、年に1週間だけだが、他に先駆けて24時間の電話相談も行っている。

私自身、以前からこの生命尊重センターに関わっていたこともあり、２００４（平成16）年5月、田口

さんからの誘いを受けて、ドイツに向かった。

田口さんは、ひょっとしたら、私がこの赤ちゃんポストを日本に設置する気持ちを抱くことをすでに予感していたのかもしれない。事実、お声をかけて頂いた時には、すでに非常に強い興味を抱いていた。

慈恵病院からは、私と、その当時看護部長を務めていた田尻由貴子さんの二人が参加した。もし私たちの病院にこの赤ちゃんポストを設置することになったら、母子の現場を指揮する田尻さんの存在が大きくなる。そういうこともあり、彼女にもドイツの現場を見てもらわなければ、と思い、私から声をかけた。

とはいえ、訪独前は、自分たちがまさか本当にドイツの赤ちゃんポストのようなものをつくることになる、とは夢にも思っていなかった。

ドイツでは、4か所の赤ちゃんポストを視察した。本書に取り上げられているシュテルニパルクの赤ちゃんポストの他、ノイケルン病院、ヴァルトフリーデ病院、聖ヨーゼフ病院の赤ちゃんポストを視察した。この視察の模様は、生命尊重センター監修のビデオ『赤ちゃんポスト――ドイツと日本の取り組み――』に収録されている。

私の最初の印象としては、「病院は常に24時間体制で動いているので、病院に赤ちゃんポストを設置することはそれほど大変ではないだろう」、というものだった。

赤ちゃんポストをドイツで最初に作ったシュテルニパルクの赤ちゃんポストは、ハンブルクのアルトナ地区にあるゲーテ通りの幼稚園に隣接して設置されていた。

産科医として考えると、幼稚園や保育園に設置するのは難しい。というのも、夜間に誰も人がいなくなるからである。

シュテルニパルクの場合、夜間は、民間の警備会社と契約をしており、赤ちゃんがポストに預けられると、その警備会社の警報が鳴り、警備員が駆けつけるシステムになっていた。赤ちゃんの存在を確認すると、警備員は、シュテルニパルクのスタッフに連絡を入れ、そのスタッフが、提携している病院の小児科に連れて行き、診察を受け、特に問題がなければ、一時専門里親に預けることになっていた。もし赤ちゃんの体に異常があれば、そのまま病院での入院となる。そう説明を受けた。

「これだけのことを、普通の幼稚園がやろうとしたら、いったいどれほどの運営費用がかかるのだろうか。そんなにシュテルニパルクの幼稚園事業には経済的な余裕があるのだろうか」と思い、質問した。

すると、この取り組みにかかる費用は、様々なところからの寄付金でまかなっている、ということだった。銀行や店に空き缶を置いて寄付金を集めているという。チャリティーコンサートも催しているそうだ。

そこまで徹底していることに、私はただただ驚いた。

また、ベルリンの大きな病院に設置されている赤ちゃんポストも視察した。

この病院の小児科の医師によると、ドイツ全土の70か所の赤ちゃんポストに、40人ほどの赤ちゃんが預け入れられており、ざっと計算すると、およそ2年に1人しか預け入れられていないことになる。

「それだけしか預け入れられていないのに、そんなにたくさん設置しておく必要があるのか」と、質問すると、医師は、顔を真っ赤にして怒り出した。

「命をなんだと思っているのですか！ 一人でも、命を守ることが医師の仕事ではないのか」

私には返す言葉がなかった。

赤ちゃんポストは、遺棄幇助罪にあたるのか？

私が真剣に日本での赤ちゃんポストの創設を考え始めたのは、このドイツ視察から日本に戻ってきてからである。

視察の後、熊本市内で生まれたばかりの赤ちゃんが3名も遺棄され、そのうち2名が死亡する、という悲痛な事件が立て続けに起こった。

この遺棄事件を目の当たりにして、

「なぜ救えなかったのか。なぜ何もしてこなかったのか。このまま何もしないでよいのか」と激しい自責の念に囚われ、日本に赤ちゃんポストを設置する決意を固めた。

慈恵病院には、かつて愛児園が隣接されており、親をなくした子どもの養育も、この病院の歴史的な使命だと考えたし、なにより「傍観者」でいたくないという思いが強かった。

赤ちゃんポスト設置にむけて、最も懸念したのが、遺棄幇助の罪に問われるのではないか、ということだった。ドイツでも、赤ちゃんポスト創設の際に、その罪が問われている。

そこで、生命尊重センターを通じて交流があった、ドイツ法学の専門で日本の法体系にも詳しい金澤文雄先生に相談すると、「安全な場所に預けた場合には、幇助罪にはあたらない」とのことだった。しかし、別の法律の専門家に聞くと「遺棄幇助罪にあたりかねない」ともいう。

つまり、「完全な違法ではないにしても、グレーゾーンにあたる」ということだ。

また、匿名で赤ちゃんを預け入れる赤ちゃんポストの場合、将来的に、「出自を知る権利」の問題とも抵触する可能性もあり、赤ちゃんポストの創設は、それほど容易ではなかった。

菊田昇医師赤ちゃんあっせん事件と、「特別養子縁組」の誕生

かつて、東北地方に菊田昇さんという産科の医師がいた。菊田医師は、望まれず生まれてくる子どものことを考え、その子どもを引き取ってくれる里親を一人で探し続けた医師であった。そんな里親を探し出すために、新聞に赤ちゃんの引き取りを呼びかける広告を出し、世の中に衝撃を与えた。

菊田医師は、私が懸念する「遺棄幇助」だけではなく、「医師免許はく奪」のリスクを背負いながら、望まれずに生まれてくる赤ちゃんのために尽力した方であった。

菊田医師のおかげで、現在の「特別養子縁組」があるのである。

菊田医師のことを思えば、たとえ赤ちゃんポストの設置が簡単ではなくとも、またたとえ遺棄幇助の罪に問われようとも、やるべきことはやらなければならないと思った。

実に3年に及ぶ葛藤だった。

菊田昇と赤ちゃん縁組

菊田昇は、1926年、宮城県石巻市に生まれる。戦後間もない1949年に、東北大学付属医学専門部を卒業し、1956年に学位を取得する（医学博士）。1957年に、秋田市立産婦人科医長となり、1958年に、故郷である石巻市に戻り、「菊田産婦人科・肛門科医院」を開業した。

開業後、彼は、当時の他の医師と同様に、人工妊娠中絶を行っていた。だが、徐々に、自分の行いに対して疑問を抱くようになる。

彼はこう自問した。

「今の日本では、『母に望まれた胎児』は100%の保護が与えられ、『母に望まれぬ胎児』は100%の死が与えられる。同じ母の子でありながら、このように極端な差別を与えてよいものであろうか」（菊田、1988：3）。

そして、戦争を経験した菊田ならではの視点で、「人工中絶」を批判するようになる。

「人工中絶を是認することは、“自分にとって不都合で、弱い者”を殺すことを是認することである。私たちが人工中絶を是認するなら、日本のアジア侵略も、アメリカが広島、長崎に原爆を落としたことも、また、ナチスがユダヤ人みな殺しをはかったことも是認しなければならない。これでは世界に平和は訪れない」（同右）。

かくして、菊田は、1973年4月17日、18日の2日にわたって、『石巻日日新聞』『石巻新聞』の二紙に、「急告！　産まれたばかりの男の赤ちゃんを　わが子として育てる方を求む　菊田産婦人科医院」と書いた小さな広告を載せたのである。

この赤ちゃんは、「妊娠7か月の貧しい中年婦人」の子だった。菊田は、この妊婦に、「胎児の生命を守るために、違法ではあるが産んでも戸籍に載せず、産まれた時からただちに母親から切り離して他人にあげること」を約束したのであった（菊田、1979：16）。17日の時点で、8件の申し込みがあり、18日の夜に一組の夫婦と面会し、その夫婦に赤ちゃんを託すことを決めた。その際、彼が「偽の出生届」を書いたことに日本母性保護産婦人科医会（現日本産婦人科医会）や日本医師会が反発し、訴訟事件へと展開する。これが一連の「菊田医師事件」の流れである。

この事件を受け、1987年に、民法改正によって「特別養子縁組」が法制化され、翌年施行されることとなった。現在、再び「赤ちゃん縁組」という言葉が注目されているが、そこにも彼の影響が見られる。

菊田は、優れた医師であるだけでなく、優れた文筆家であった。彼の著書は多数出版されている。『私には殺せない：赤ちゃん斡旋事件の証言』(1974)、『この赤ちゃんにもしあわせを：手記』（1978)、『天使よ大空へ翔べ：一産婦人科医師の闘い』（1979)、『赤ちゃんあげます：母と子の悲劇をなくすために』（1981)、『お母さん、ボクを殺さないで!：菊田医師と赤ちゃん斡旋事件の証言』（1988）等。

私たちは、まず管轄の熊本南署に相談した。

最終的には、「分かりました。警察は、安全性が保たれていて、事件性がなければ捜査等はしません。ただ、預けられた赤ちゃんに傷などがないかどうか、どんな状態だったかということだけは確認させてください」ということになった。

さらに、熊本県福祉課と熊本市保健所にも相談した。県福祉課も保健所も、赤ちゃんポストの創設などという話は前代未聞であり、とても頭を悩ませていた。

特に県の担当者は、難色を示していた。赤ちゃんポストに預けられた子どもについては、児童相談所と児童福祉施設（主に乳児院）がその担当機関となる。

「果たして赤ちゃんポストに預け入れられた子どもの対応をしきれるのかどうか、また、きちんとその子どもたちの発達の保障ができるのか」

「どの県で生まれた子どもか分からない子どもを、熊本県で対応することはできるのか、その財政的な問題はクリアできるのか」

そういった問題もあった。

県福祉課の職員が最も心配したことは、「『赤ちゃんポスト』に預け入れられた子どもは、その後、果たして将来的に自立して生きていけるのか」という点だった。

特に気にかけていたのは、施設で暮らす子どもたちの、施設から出た後の問題であった。

「親の存在が不明のまま施設で育つ場合、その子が大人になった時に、経済的援助を受けることはまず不可能である。大学や専門学校に進学するのも困難となる。とはいえ、働くといっても、今の時代、専門教育を受けていない人に、よい職場が多く用意されているとは言いがたい。経済的に不安定な職に就く子も多い。それに加え、親という存在を欠いているわけである。経験的には、そうした子が大人になり、妊娠し（相手を妊娠させ）親になった時、その施設で育った子どもの子どもも、施設で暮らすようになることも決して少なくない。そういうことを考えると、『赤ちゃんポスト』を認めてよいのか、われわれには分からない」

この問題は、社会的養護の問題である。現状の日本の制度では、どんな子どもであっても、親が子を養育できない時には、「施設」で育てられることになる。欧米では、この施設をできるだけ使わず、里親や養父母の下にすぐに移される。おそらくそういうこともあって、県福祉課の職員は、懸念したのだと思う。

施設で育った子どもは、立派な大人になれないのか？

施設で暮らす子どもの話を聞いて、私は、かつて慈恵病院で出産したある母親を思い出した。施設で育ったAさんだ。

彼女は、17歳で妊娠、出産し、そのあと第二子を20歳くらいで出産した若いお母さんだった。Aさんが産んだ上の子はききわけがよく、母親の言う事をきいて大人しくし、診察室でもじっと静かにしていた。

その後、28歳の時に再び慈恵病院にやってきた。どういう生活をしていたのか尋ねたら、「貧しかったけれど、夫は大工の弟子になっていたのです」と教えてくれた。その大工の親方やおかみさんが生活のことを気にかけてくれたそうで、醤油や米を分けてもらったり、生活面での助言をもらったりして、生活を維持していたとのことだった。Aさんは、「貧しくはあったけど、生きがいを感じていました」と言っていた。

施設で育った子どもであっても、立派な大人になれると私は思う。

ただ、現代社会では、大工や仕立てなど「昔ながらの職人仕事」が減ってきており、職業選択の幅も狭まっている。昔と違って、自分ひとりで自立しなければならない。高等教育を受けていない若者が、しっかりと自立した生活ができるだけの賃金を得られる仕事も減ってきた。失業するリスクも高まってきている。たしかに、県の職員が心配するように、子どもが小さい頃からずっと施設で育つことには、いろいろな問題はある。アフターケアの問題もそうだと思うが、そういうことを考えると、県の職員の「心配」も、理解することはできる。

それでも、私の決意は揺らぐことはなかった。

「社会福祉の制度も、赤ちゃんの命があってのことであり、まずは赤ちゃんの命を保護することが優先であろう。制度は変えられるが、人の命は変えることができない」

2006（平成18）年12月、私たちは、熊本市に病院施設の一部の使用変更許可を申請した。通常、2週間程度で許可が下りるが、今回は、許可が下りるのに、4か月もかかった。

2007（平成19）年4月、ついに許可がおりた。留意事項として、次の3点が指摘された。

①子どもの安全確保
②相談機能の強化
③公的相談機関等との連携

この変更許可を受けて、日本で初となる赤ちゃんポストが５月10日に運用を開始したのである。

日本初の赤ちゃんポスト運営と、世間からの強烈な批判

慈恵病院での赤ちゃんポスト構想が世に発表されると、私たちは想像以上の批判を受けることになった。病院のスタッフだけでは対応しきれないほどの電話が鳴り、病院だけでなく、私の自宅の電話にまで電話がかかってきた。

赤ちゃんポスト創設前、ある弁護士会が、子どもの人権を守るシンポジウムを開催した時のことだった。その会合には、赤ちゃんポスト設置に反対する多くの人たちが集まっており、「直接会って、『赤ちゃんポストの設置を阻止しよう』と思っている人もいた。

私は、ドイツで学んだことも踏まえて、なぜ赤ちゃんポストを作らなければならないのかということと、

赤ちゃんの幸せについて、懇切丁寧に説明した。

するとと、会場の後ろの方で立って聞いていた夫婦が、こう言ってくれた。

「私たち夫婦は、不妊治療をずっと続けてきた。私たちは、心の底から子どもが欲しいと思っていた。だから、子どもを捨てるとか、子どもをどこかに置き去るとか、そういうことはとても許せないと思い、この会場にやってきた。そして、『赤ちゃんポスト』なんていうものを作ることを止めさせるために、ここに来た。けれど、あなたの話を聞いて、考えが変わった。応援したい」と。

だが、当然ながら、反対意見も出された。一番多かったのは、子どもの出自に関するものだった。30代の女性は、「自分の出自が分からないくらいなら、死んだ方がマシです」と言っていた。

また、「赤ちゃんポストではなく、警察に委ねた方がよい。警察が調べれば、親の身元も分かるし、そちらの方が遺棄された子どもにとってよいのではないか」という意見もあった。

だが、それに対して、私は同意できなかった。

「熊本では3人の赤ちゃんが遺棄されて、2人の赤ちゃんが現実に亡くなっている。あなたは、いのちよりも出自の方が大事なのか」と反論した。

すると、何人かの人が、「そのとおりだ」と応じてくれた。最終的には、半分くらいの人が賛成してくれたが、残りの半分の人たちは、賛成するには至っていなかった。また、赤ちゃんポストというネーミングが悪いという意見も出されていた。

このように、赤ちゃんポストの設置を巡っては、賛否両論があり、すべての人の合意を得ることは難し

慈恵病院に設置されているこうのとりのゆりかご

く、設置の実現化は、そう簡単なことではなかった。

「こうのとりのゆりかご」という名称について

慈恵病院に設置されている赤ちゃんポストには、「こうのとりのゆりかご」という名前が付いている。この名称についても、ここで述べておきたい。

そもそも、赤ちゃんポストは「捨て子ボックス」や「捨て子ポスト」と呼ばれていた。

ドイツで生まれた赤ちゃんポスト「ベビークラッペ(Babyklappe)」を見たときに、「ポストのようだ」と言ったのは、上にも述べた生命尊重センターの田口さんであった。

同センターが制作したビデオのタイトルにも、『赤ちゃんポスト』という言葉が採用されている。おそらくこの言葉が一番合っていると考えたのだと思う。

たしかに、「ポスト」というのは、心のこもった手紙が届けられる場所であり、赤ちゃんがそこに入れられるというのは、誰かに助けてもらいたいという親の愛情が込められている、と考えることはできるだろう。

　このビデオをきっかけに、そして各メディアがこの言葉を使用することで、赤ちゃんポストという言葉が次第に定着していった。

　ただ、慈恵病院に赤ちゃんポストを設置する際には、この言葉は使いたくないと思っていた。私の中では、ポストというと、「物を投げ入れる」というイメージがあり、やはりその利用目的からしても、もう少し違った言い方がよいのではないかと思った。郵便物は物であり、赤ちゃんは物ではなく、一人の人間である。この点での差異は、大事にしなければならない。

　では、何という名前を付ければよいのか。

　その時に思いついたのが、アンデルセンの童話だった。『沼の王の娘』という話がある。コウノトリが子のいない女性に赤ちゃんを届ける内容だが、赤ちゃんポストとはそういうものだろうと考え、「こうのとりのゆりかご」と呼ぶことに決めた。言葉の響きも柔らかく、また文字で見ても優しい印象を受ける。

　かくして、私たちの赤ちゃんポストは、「こうのとりのゆりかご」となった。

赤ちゃんポスト「こうのとりのゆりかご」の運用へ

　赤ちゃんポスト「こうのとりのゆりかご」（以下、「ゆりかご」）は、基本的には、24時間、最適な温度を保つことのできる赤ちゃん用のベッドとオートロック式の扉で成り立っている。

「ゆりかご」のシステムを作る際には、未熟児のための保育器（箱型ではない24時間保温機能の付いた保育器）を参考にした。

「ゆりかご」に赤ちゃんが預け入れられた際、その子が起き上がることができる状態であると、ベッドから転落してしまう恐れがある。そのため、ベッドの枠は特別に高くした。そうすることで、赤ちゃんが預け入れられた後の安全性も確保できる。

「ゆりかご」は、生後直後から3か月前後の赤ちゃんを想定して作られたものだが、最初に預け入れられた子どもはすでに3歳に達しており、幸いにも、この枠が高いことで、その子の安全を守ることができた。

ドイツのベビークラッペと同様、オートロック式の扉が開かれた時に、それを知らせるブザーが病院内に鳴るようになっている。預けに来た人には聞こえないように配慮している。

建物一階に「ゆりかご」が設置されており、二階のナースステーションと新生児室にブザーとランプが用意されている。一階にはカメラも設置されているので、ブザーが鳴り、ランプが点灯したら、モニターで中の様子を確認して、一階に降りて、赤ちゃんを保護する。屋内には24時間、スタッフがいるので、このブザーとランプで確実に確認することができるようになっている。

これまでに１１０名以上の赤ちゃんたちがゆりかごに預け入れられているが、２０１４（平成26）年11月に死亡した赤ちゃんが預け入れられたケースを除いて、一度も事件性のある問題は起こっていない。赤ちゃんの安全な受け入れについては、十分に配慮していると言えるだろう。

なお、ドイツにおいては、１か所の赤ちゃんポストにこれだけの赤ちゃんが預け入れられているケースはない。

現時点では、日本国内には、私たちの「ゆりかご」しか、赤ちゃんポストがない。そのため、全国から赤ちゃんが預け入れられている。

この「ゆりかご」の運用と同時に始めたのが、匿名での相談支援である。

その内容は、主に「産むのか、産まないのか」ということにかかわる妊娠葛藤相談である。「ゆりかご」に預けに来た母親（ないしは父親等）も、「ゆりかご」の扉の近くに備え付けているインターフォンを通して相談することができるし、それを呼びかけている。

また、一度、「ゆりかご」に赤ちゃんを預け入れた後になって、匿名の電話で、「やっぱり自分で育てたい」、と申し出てくれる親もいる。

「赤ちゃんポストは子捨てを助長する」という批判もあるが、話はそんなに単純ではない。「ゆりかご」に赤ちゃんを預け入れた後で、またいろいろと苦悩し考えて、「やっぱり自分で育てよう」と決意する親もいるのである。

私たちは、「単に赤ちゃんのいのちを救えばそれでよい」とは考えていない。幸せになってほしい。「その子がどのような環境でどのように育ち、そして、幸せに生きるために。そのために何ができるのか」ということも考えていかなければならないのである。

そういう意味で、この「ゆりかご」は、医療の世界を超えた取り組みであると言えるだろう。

「こうのとりのゆりかご」のシステム

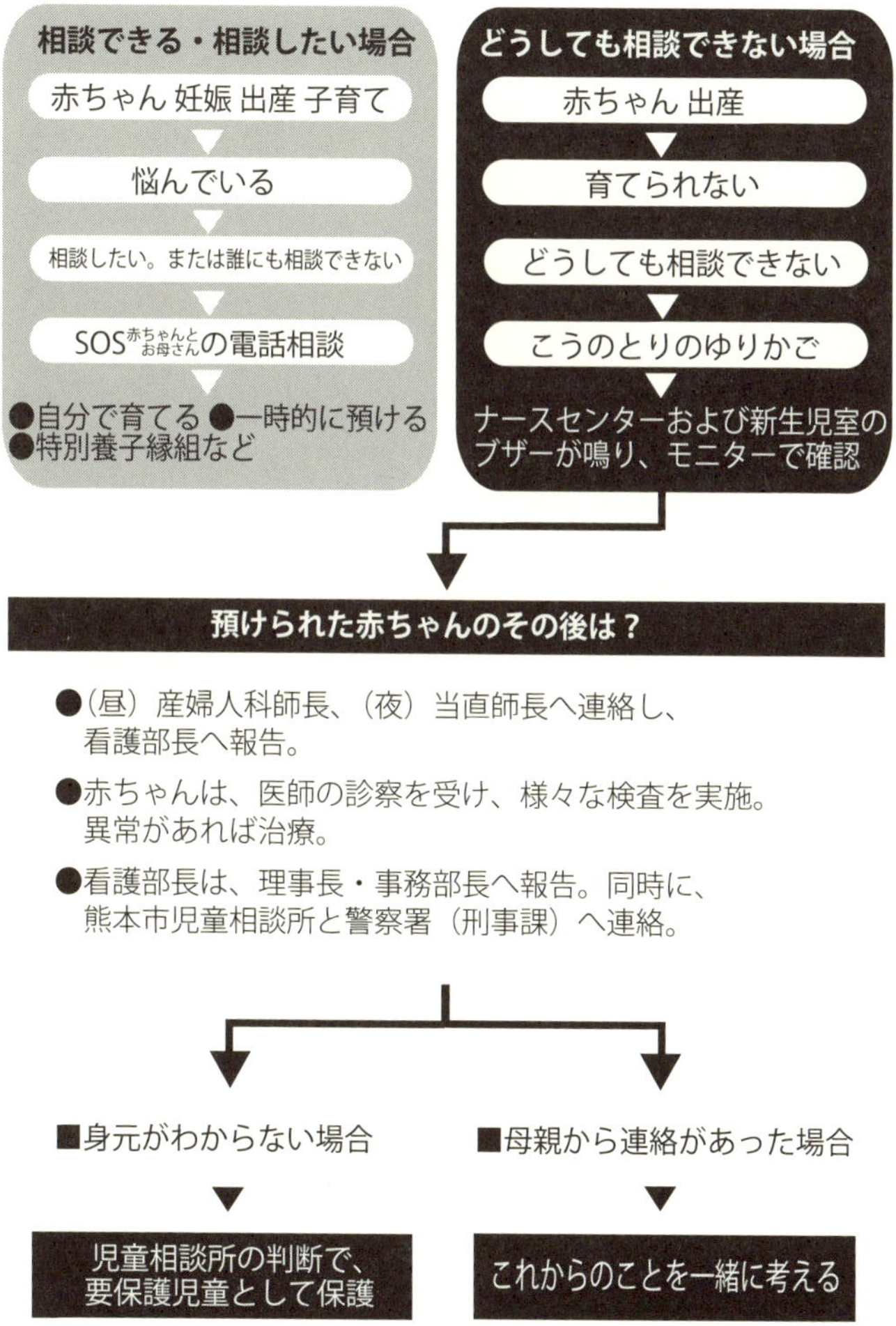
相談できる・相談したい場合
赤ちゃん 妊娠 出産 子育て
悩んでいる
相談したい。または誰にも相談できない
SOS赤ちゃんとお母さんの電話相談
●自分で育てる ●一時的に預ける
●特別養子縁組など
どうしても相談できない場合
赤ちゃん 出産
育てられない
どうしても相談できない
こうのとりのゆりかご
ナースセンターおよび新生児室のブザーが鳴り、モニターで確認
預けられた赤ちゃんのその後は？
●（昼）産婦人科師長、（夜）当直師長へ連絡し、看護部長へ報告。
●赤ちゃんは、医師の診察を受け、様々な検査を実施。異常があれば治療。
●看護部長は、理事長・事務部長へ報告。同時に、熊本市児童相談所と警察署（刑事課）へ連絡。
■身元がわからない場合
児童相談所の判断で、要保護児童として保護
■母親から連絡があった場合
これからのことを一緒に考える

（資料：熊本慈恵病院 HP ほか）

「こうのとりのゆりかご」から見えてきた問題

「ゆりかご」の取り組みから見えてきた私たちの社会の問題について、ここで語っておきたい。

本書第2章でも述べられているが、日本、ドイツに限らず、赤ちゃんポストを利用する女性たちの中には、夜の世界を生きている人がいる。決して断言することはできないが、夜の世界に生きる女性たちの中に、赤ちゃんポストを必要とする人が常にいる、ということは示唆できるように思う。

熊本の夜の街を歩いていると、「この娘さんは、大丈夫だろうか」、と思うような光景を目にすることがある。夜の街をさまよい歩く若い女性もいる。こういう女性たちの家庭や育ちを考えると、胸が苦しくなる。そして、「いったいこの子たちの親は、何をやっているのか」、と考えてしまう。

このことと関連して言えば、「ゆりかご」に子を預けに来る親たちを見ると、やはり大都市からやってくる人が多い。「ゆりかご」に関わる問題は、都市の問題に属する問題なのであろう。

都市で暮らす人間は、概して孤独である。誰にも相談できず、社会から孤立して、一人で苦しむ都市部の女性の問題としてこの問題を考えることもできるだろう。

この問題は、また別の問題を引き起こしている。それは、預け入れられた子どもにかかる費用の負担の問題である。

「ゆりかご」に預け入れられた赤ちゃんは、健康上の問題がなければ、まず熊本県内の乳児院に預けられることになる。他県に暮らす親の子どもであっても、「ゆりかご」に預け入れられれば、その赤ちゃんの養育・養護にかかる費用は、熊本県や熊本市から支払われることになる。それを回避するためにも、特別養子縁組の成立を目指さなければならない。

私は、当初から、児童相談所に、「特別養子縁組を希望される方に、『ゆりかご』の赤ちゃんを託したい」ということは伝えてきた。それは、単に費用の問題だけではない。

施設ではなく、特別養子縁組の家庭で育つことが、何よりも赤ちゃんの幸せにとって大切なことであるし、特定の人との情緒的なつながりという意味でも、家庭で育つことが大事だからである。

私が見てきた新生児の時に特別養子縁組となった子どもたちは皆、血はつながっておらずとも、愛情のある家庭で暮らしており、施設である一定期間以上育った子どもたちに見られるような「試し行動」や「赤ちゃん返り（退行）」もほとんど見られない。

とはいえ、「ゆりかご」に預けられた赤ちゃんが家庭で育つまでには、かなりの時間がかかっており、その子は、その間に大きくなっている。そのため、引き取り手である里親との根本的な関係を築くのに随分と時間がかかってしまうのである。

3か月以内が妥当であろうと思う。赤ちゃんは、生後3か月以内に、特定の人間との愛着関係を築く。これは、文化的にというよりは、生物学的な関係である。この時期を逃すと、後に誰かとの情緒的な関係を築くことは著しく困難であるとも言われている。

しかし、こういうことを主張すると、次のような反論を受けることになる。「では、その赤ちゃんに（後に分かるような）障害があった場合はどうするのか」と。この反論は、実際にある医師から受けた批判でもある。

それに対して、こう答えたい。「里親や養父母たちの多くは、それも覚悟の上で、赤ちゃんを引き取ろうとしている。しかも、障害があってもなおその子を育てるのが、本来の親の務めなのではないのか」と。人が親になるということは、そういうことも含めて、赤ちゃんの責任を引き受ける、ということである。赤ちゃんはペットショップに陳列される動物ではない。それに、そうしたことを問題にすること自体が大きな問題ではないだろうか。

親を中心に考えるのではなく、赤ちゃんのことや子どものことを中心に考えるべきだと、私は強く思っている。事実、ゆりかご設置以後、多くの方から、「『ゆりかご』に預け入れられた赤ちゃんを引き取りたい」という連絡をいただいている。その数は、１０００を超えている。家庭での養育の大事さは社団法人命をつなぐゆりかご代表大羽賀夫妻の家庭を通して学んだことである。

一時的に児童福祉施設で生活することは欠かせないとしても、可能な限り早急に家庭での養護に切り替え、安定した家庭環境の中で、赤ちゃんは育つべきであろう。

そういう取り組みは、愛知県の児童相談所が他に先駆けて試み続けている。私は、矢満田篤二氏からこの点について、多くを学んでいる（矢満田、2015）。矢満田氏は、「愛知方式」と呼ばれる独自の「赤ちゃん縁組」の礎を築いた児童相談所の児童福祉司であり、赤ちゃんの命を守る取り組みを長年行い続けてきた方である。

現在の法律では難しい、匿名出産の問題

これまでの取り組みの中で、私は、幾度となく、自身の妊娠について誰にも知られたくない、ばれたくないという思いを抱えている妊婦の存在に気づかされた。「こんなにもいるものなのか」と、驚いている。その理由も実にさまざまで、どれも深刻なものばかりである。それに、何か一つの明確な理由があるというよりはむしろ、どれも重く厳しい幾つもの問題が重なっていることが多く、それら全てに対応できる相談機関もないのが現状であると言えるだろう。

私から言えるのは、「とにかく病院で安全に産んでほしい」ということである。加えて言えば、「匿名でもよいから、どうにか医療機関に行ってほしい」ということである。

以下で述べるが、出産には、予期せぬ事態が常に起こり得ることが想定される。赤ちゃんのいのちだけでなく、母親の生命の危険も可能性として常に考えておかなければならない。だから、まずは、「医療機関での安全な出産」を実現させたいのである。

ドイツでは、赤ちゃんポストの運用とほぼ同時期に、「匿名出産」の支援サービスも開始している（125頁を参照）。だが、これと同じことを日本で行うと、確実に法に抵触することになる。この点については、今後の日本の大きな課題となるだろう。未受診妊婦の問題を解決するためにも、匿名出産、あるいは「内密出産」（129頁を参照）は、すぐにでも議論されるべきであろう。

しかし、言葉は違っても、こうした出産は、日本でも全く行われてこなかったわけではない。70年代に注目を集めた菊田昇さんが「赤ちゃんあっせん」の際に行っていたのも、実は匿名出産のようなものであった。あの頃から、法的には何も変わっていないのである。

これだけ、自分の身元を知られたくない、ばれたくないと思う緊急下の妊婦がいて、児童遺棄や殺害がたびたび起こっているにもかかわらず、一部の人を除いて、誰もこの問題に対して動こうとしていない。果たしてそれでよいのだろうか。

「赤ちゃんのいのち」と「親の名前を知る権利」どちらを優先すべきか？

ゆりかご運用開始以後、常に問題視させられてきたのが、「匿名で預けられた赤ちゃんは、その後、どうやって親のことを知るのか」ということだった。

さらには、「子どもには、自分の親が誰かを知る権利があるのだ」と私たちを責め立てる批判も多く寄せられた。この批判は、「出自を知る権利」の擁護派からの批判であり、日本のみならず、ドイツにおいても、この立場からの批判は多く集まっている。

これに対して、私は、何度も繰り返し説明してきた。

「赤ちゃんのいのちと、親の名前を知る権利とで、どちらが優先すべきか。赤ちゃんのいのちではないのか」。

だが、どちらを優先すべきか、という話だけではない。

親の名前が分からなくとも、愛情のある家庭で大切に育てられれば、子どもたちは、十分に幸せに生きていくことはできる。

血のつながりがあっても、愛情のかけらもない家庭もある。虐待も、そういう家庭で生じている。

逆に、血のつながりはなくとも、愛情をもって子を大切に育てている家庭もあるのである。

捨てられて死んでしまえば、産まれてきた赤ちゃんの人生すべてが台無しになるどころか、人生そのものが終わってしまう。

もし、子どもが出自について尋ねてきたならば、何度も繰り返し、「あなたを産んだお母さんは、あなたの命を大切に思って預けたの。私たちが本当の親なんだよ」ときちんと伝え続ければ、子どもたちは、何の問題もなく、すくすくと育っていくし、生きている幸せを十分に感じることもできる。

もちろん自分の出自を知ることができれば、なお良いだろう。だが、「ゆりかご」を必要としている緊急下の女性たちの問題を考えると、そう言ってはいられない。産まれたばかりの赤ん坊を遺棄したり、殺害したりしなければならないほどに、追いつめられているからである。

私は、出自を知る権利に先立つ子どものいのちを大事にしたいし、彼らの幸せな人生をただ願っている。

産科の医師としても、危険な状況の中で、「よくぞ、無事に産まれてくれた」と思う以外に何もない。

産後うつに向き合う

この頃、世間では、「産後うつ」の問題がたびたび話題となっていた。産後うつの問題は、さらに深刻な事態を引き起こす。たとえば、母の子殺し、母子心中、虐待等である。こうしたことを予防するためにも、この問題を無視するわけにはいかないのである。

そこで、まず私たちが行ったのは、相談支援と母子訪問である。

母子訪問は、退院後一週間目に、慈恵病院で出産された方のお宅に電話をして、その後の様子や、困っていることはないかどうかを尋ね、何らかの悩みをかかえている方の自宅を訪問する活動である。現在では、全国の地方自治体で赤ちゃんのいる全家庭の訪問が行われているが、この当時は、こうした母子訪問をやっているところは少なかったと思う。

熱心な保健師がいるところでは、この母子訪問支援は行われていた。

喜ばしいことに、私たちの病院での分娩を希望する妊婦さんの中には、熊本市内の方のみならず、遠方からやってくる方も多い。なので、遠方の母子の場合、訪問に半日以上かかる場合もある。

この訪問の取り組みについて、学会での発表も行った。「訪問支援は、産後うつの予防、早期発見につながる」、と報告した。そこでの反応は、決して悪いものではなかった。この発表を聴いていた当時の熊本県知事だった潮谷義子さんは、「それは素晴らしいことだから、是非とも、県の事業としてやりましょう」

と言ってくれた。

その後、熊本県から県内の病院や診療機関に訪問支援を行うようにという要請が出されたのだが、実際に訪問支援を行うことは、私たちが思う以上に困難なことであった。というのも、どの医療機関も人材が不足しており、また十分に訪問支援を行うほどの時間はどこにもなかったのであった。

この訪問支援は、慈恵病院では今も続けられているし、今後も続けていくつもりである。出産した母親のアフターケアはとても大切なことだと思っている。

第3節
若かりし日々を振り返る、医師としての原点

「ふるさとの　驛におりたち眺めたる
　かの薄紅葉　忘らえなくに」

私の原点――宗教と医学――

私は、産婦人科医となって55年になるが、実は、最初から医師を目指していたわけではなかった。幼いころから、畑に作物を植えたり、花や野菜を植えたりするのが好きだった。戦時下の過酷な食糧難の時代を経験した世代だったので、農業に強い関心を抱いていた。食べ物のありがたさを強く感じていたというのもある。また、少年の夢として、広大な土地で、のびのびと好きな農作物を育ててみたかった。だから、南米、特にブラジルに憧れていた。心の中では、大学の農学部に進学し、農学の道に進みたいと密かに思っていた。

だが、私の六つ上の兄の晶一が、これに断固として反対した。「農学部を卒業しても、そのサラリーだけでは生活していくことはできない」、「親からの仕送りがなければ暮らしてはいけない」、と私を説得した。

父の善明と母の敏子

私たちは幼くして父親を失っており、社会人になってまで親の仕送りをあてにすることはできないという事情もあり、医学生であった兄の勧めもあって、医学の道へ進むことを決意した。母方の祖父が医者であったし、小さい頃にはよく祖父の医院に遊びに行っていたので、違和感はなかった。

私の父方の祖父、蓮田慈善は、浄土真宗の住職であり、母方の祖父、師井《もろい》淳吾《じゅんご》は、開業医であった。淳吾は、外科から内科まで、また当時できることはすべて行う医師だったという。おそらく私の原点には、この祖父母から受け継いだ「宗教と医学の精神」があるのだろうと思う。

誕生

私は、台湾の台中市村上町の自宅で、1936(昭和11)年1月23日に次男として生まれた。

父の善明は、三島由紀夫と関係の深かった国文学者で、「日本浪漫派」の一人として、森鴎外や本居宣長の研究などを行っていた。

父は若い頃に胸膜炎を患っており、常に結核にならないかと心配していた。そして、胸部疾患の疑いもあり、暖かいところでの生活がよい、と医師に勧められて台湾へ移住していた。その台湾で私は生まれた。その後、健康状態が改善され、私たち一家は、1938（昭和13）年に東京に移った。

父は、成城学園高等科（成城高等学校、現成城大学）の教授として赴任し、仲間と共に、『文藝文化』を創刊するなど、国文学者としての仕事に徹していたが、1939（昭和14）年4月、私が3歳の時に、日中戦争の召集を受け、現地に従軍することとなる。

父が出征している間、私たち家族は、東京を離れ、父母の故郷である熊本の植木町（現熊本市北区）に戻ってきた。

植木町は、味噌や醤油、酒造で有名な小さな町である。春の植木市でもよく知られている。この頃はまだ、物資もさほど不足しておらず、食糧にもよく恵まれていた。兄の誕生日には、母は、オーブンでケーキを焼いて、お祝いをしていた。

父が戦地から帰ってきたのは1年後のことで、銃弾を腕に受けていたが、その「手」がまだあったことに安堵した記憶がある。母の話によれば、この頃の父は、沈んだ暗い顔をしていたという。

父が現地の子どもや農夫と一緒に写っている写真が一葉残っている。

その写真を見る限り、父の顔は明るかった。現地の人との交流もあった。

思うに、父が沈んだ暗い顔をしていたのは、部下が戦死し、また、現地の中国の人の痛ましい姿を目にしていたせいであろう。

日中戦争では、日本軍、国民党、軍閥（大名）などが入り乱れており、現地の中国人たちは、米の収穫があると高い税金を納めなければならなかった。あちこちで税金を取られたという。

想像を絶する悲惨な中国の人々の姿を見てきた父は、母に、「戦争はするものではない」、と話していたそうだ。また、友人が戦争の話題に触れる際にも、父は、その当時のことを語ることは一切なかった。

開戦前のわずかな穏やかな時間

しばらくの間、私たち家族は植木町に居た。

父はなおも暗い顔をしている。傷も負っている。

母の提案で、１９４１（昭和16）年の初めに、父はしばらくの間、阿蘇の垂玉温泉で療養・湯治を行っていた。そこで、「有心」という作品を執筆している。

太平洋戦争の直前の記憶である。

この頃は、日本全体がどんどん貧しくなっていく時代であった。

当時の植木町では、田んぼとして利用できる土地は限られていた。近くにある小さな山に父と登った時のことである。私が５歳だったと思う。

甘みのある大根が実る季節だった。

畑には、麦、粟、大根を作っていた。植木の大根で作るたくあんが美味しかった。だが、畑の大根を抜くのは、一苦労である。大根が折れてしまったら、商品価値は全くなくなってしまう。

畑の片隅には、抜いたばかりの折れた大根が山積みになっていた。

農家の生活苦しさを知っている父は、その山積みされた大根をみつめながら、「この大根、何かに使えないだろうか」と呟いた。

私も、「この大根を活用できれば、農家の人も少しは生活が豊かになるのでは」と幼いながらに思った。

その後、再び父が教授の職に復帰することが決まり、私たち一家は、東京の祖師ヶ谷大蔵に移ることになった。

しかし、以前とは違う家屋だった。今度の住居は、とても狭く小さな家屋だった。そんな家屋で、私たち5人は暮らし始めたのだった。

その頃の父はよく執筆していた。

仲間たちと同人会の活動を行っていたが、編集会議の席に、学習院初等科の清水文雄先生（国文学者、1903—1998）がおられた。父は、この清水先生の後任として、成城学園高等科の教師となっており、時代的にも、思想的にも、重なる部分の多い方だったそうだ。現在の明仁天皇は、学習院初等科時代に、この清水先生の担任クラスに在籍されていたという。

そんな清水先生のクラスに、将来の「三島由紀夫」となる平岡公威少年がいた。当時、彼は、学習院中等科5年生、16歳の少年だった。清水先生は、平岡が書いた70枚の原稿からなる「花ざかりの森（はなさ

■父がスンバ島で書いた手紙

…新夫君はあひかはらずわるん坊でせうね。兄さんと三人で心をあはせてお母さんを守つて、お父さんがゐなくてもりつぱな人になりなさい。兄弟三人で心と力を合せたらほんとうに強くなれます。四十七士もうち入りの時は三人ぐみになつてたゝかつたさうですよ。お父さんは元気です。家のまはりの林にはお猿さんが一杯ゐます。豚さんも時々歩いてゐます。一メートルばかりの大とかげも。太二君の好きな河馬さんはゐません。さやうなら。

かりのもり）」をこの同人会の編集会議に持参し、皆に見せたそうだ。父は、この作品を激褒し、三島の将来性について讃えている。

この作品は、父が編集に携わる国文学雑誌『文藝文化』に推薦され、９月号から12月号に掲載されることになる。これを契機に、三島は次々と作品を世に出していくこととなった。

１９４１（昭和16）年12月８日、真珠湾攻撃によって、ますます戦争が激化していくことになる。父たちが三島の「登場」を歓迎する一方で、日本は、ますます暗い空気に包まれていく。

太平洋戦争と父の自決

私が祖師谷国民学校（現世田谷区立祖師谷小学校）に入学した１９４３（昭和18）年に、私たち一家の暮らしは再び一変することになる。

父が陸軍中尉として召集されたのだ。そして、南方・インドネシアに赴くことになるが、これが父との二度目の別れであり、永遠の別れとなってしまった。

父は、インドネシア第二の都市スラバヤを経由し、1年半のスンバ島での駐屯を経て、マレー半島の最南端ジョホールバール（Johor Bahru）に赴いた。スンバ島で父が書いた手紙が残っている。

軍人を乗せた輸送船が敵潜水艦に狙われて、次々に沈没していく。私たちの近所に住んでいた高木さんという人は、乗っていた船が沈没し、自力で泳ぎ、奇跡的に助かった。そんな彼の下に、父は駆けつけ、自分がもっている僅かな衣類や日用品を彼に分け与えたという。高木さんはそれがとてもうれしかった、と後に本人から聞いた。

ジョホールバールでは、あまり戦いはなかったそうである。マレー半島の北部では、戦闘が特に激しかったが、父が赴いたシンガポールは、その当時、平和で穏やかだった。

そんな穏やかな地で、1945（昭和20）年8月、父たちは敗戦を迎えた。

この頃、軍の上層部の人間たちは混乱を極めていた。そして、一部の者が、「もはや日本国などない」、「天皇なんてあるものか」、と口走るようになった。

この発言を巡って、父は、かなり激しい議論を交わしたそうだ。

日本を愛していた父にとって、日本国の否定というのは、到底許せるものではなかっただろう。

中条豊馬連隊長が訓辞を述べる。「これからは、もはや天皇制はない」と、強い口調で言った。

これを聴いた父は憤慨して、彼を射殺してしまった。

父は、大隊長に次ぐ中隊長だった。連隊長の副官をしていた鳥越春時連隊副官は、連隊長のこの発言について、「あの発言は早すぎた」、と後に述べている。

思い返せば、父は、ひどく悩んでいたように思う。

自分は何のために戦うのだろうか、と。最初の出兵後、阿蘇に行ったとき、畑で働く農民の姿を見た父は、「ああ、自分はこういう畑で働く人を守るために、戦いに行くのだ」と言っていた。

父は、これと決めたことは、ちゃんとやらなくてはならないと教えてくれた。

私が小学校に入学した頃、独楽がほしいと思った。独楽を買いに店に向かったのだが、あいにくベーゴマしか置いてなかった。仕方なく、それを買ったら、その日の夜、父から窘められた。「欲しいものがないからといって、安易に他のものを買ってはならない。一度、こうと決めたのなら、そうしなければならないよ」と言われた。

これは、私の生き方の根になっている教えかもしれない。

「こうのとりのゆりかご」を設置した後、激しい批難を浴びたが、一度として気持ちが揺らぐことはなかった。

連隊長の射殺後、パニックにあった軍隊の上層部に対し、師団長より、くれぐれも言葉を慎むようにとの命令があった。この時のことは、陸軍病院の院長だった方が後日私のところにやって来て話をされた。その後、軍隊は落ち着きを取り戻したという。

父は、最も深い意味で、天皇を、そして日本という国を心底大事にしていた。天皇や国を否定するような言葉に対しては、我慢できなかったのだろう。

聞くところによれば、連隊長は決して悪い人ではなかったと思われる。部下の事も考えていたようである。連隊長ともなれば、戦争裁判で死刑になる場合もある。だから、連隊長も、自らの死も考え、隊員たちに、「日本はこう変わっていくのだ」ということを伝えたかったのかもしれない。そして、部下をいかに安全に帰すかということが頭にあったのだろう。しかし、その言葉は、父にとって、それはとても許容できることではなかった。

8月19日、父は自らの拳銃で自決した。

父は、国文学者と言われるが、硬派な古典文学者だった。古事記、源氏物語、和泉式部などを愛し、日本の古典文学を研究していた。そして、日本人の根源的なものを古典から導き出そうとしていた。父の書棚を見ても、ゲーテなどの西洋を代表する小説の類は少なかったように思う。

父の出征後、都内の祖師谷国民学校から、熊本の植木国民学校（現熊本市立植木小学校）に転校した。私は9歳で、植木町で終戦を迎えることとなった。その後も、この植木町で暮らしていくことになる。

家計的には、敗戦後とあって、厳しい困窮状態だった。その主な原因は、預金口座が封鎖されたためである。父は、「これだけの蓄えがあるから、後の生活もできるだろう」と考えていたのだと思う。

預金口座が封鎖されたので、入るお金もなく、困窮を極めていた。貨幣価値も変わってしまった。インフレ防止のため、月極めでしか、お金を引き出すことができなかった。

植木町の男性の多くは、戦地に赴いており、この町の農家も人手が足りずに、ひどく苦しんでいた。兄の晶一も、戦時中は、学校から三里ほど離れた三里木の農家に学徒動員で出ていた。

敗戦後の小・中学生時代と、「戦後」の実感

終戦後、小学校の授業の内容はがらりと変わってしまった。「天皇陛下万歳」の掛け声もなくなった。その代わりに、一部の先生たちは、「民主主義」を説き始めた。先生も教科書も変わった。その急激な変化に、違和感を覚えた。私だけでなく、誰もが違和感を覚えたはずである。一部の先生の露骨な変容には、子どもたちも不信感を募らせていた。

当時は暴力を振るう教師も多く、毎日のように、ねぶち（竹の根）で叩かれた。これは痛かった。

戦時中から学校の校舎は軍に接収されており、授業は、お宮や漬物小屋など、みんなそれぞれに分かれて、学校とは到底思えぬような場所で、授業を受けた。

またこの時代は、戦争で多くの若者を失い、働く男性が全くもって足りない時代であった。ゆえに、私たち子どもも、畑を耕して、サツマイモを栽培した。それをみんなで収穫して、そのサツマイモを、学校の大きな釜で炊いた。とてもまずかったが、腹は満たされた。

小学校高学年になると、私は、祖父の家の「書室」に潜り込んでは、本を読んでいた。とりわけ吉川英治の『宮本武蔵』を好んで読んだ。この作品は、戦時中にあって、時代に阿らず、大ヒットした新聞小説だった。他にも、近松門左衛門や井原西鶴の作品や、和泉式部日記など、歴史物や古典小説が好きだった。

読書も好きだったが、友人との交流も活発だった。みんなで、友人の家に押しかけたり、貯水池に泳ぎ

に行ったりした。

中学三年生の夏休みには、学校で行われる高校受験のための補習授業を休んで、友人たちとキャンプに出かけた。近所の店でテントを借りて、海水浴場に向かった。そのキャンプ地に着き、テントを張って、寝床を確保した。

ところが、夜になって突然、雨が降り出したのである。なんと借りたテントの屋根から水が浸み出してきた。懸命にタオルで拭いたが、皆、ずぶ濡れになってしまった。私たちは、近くの民家に行き、交渉して、板張りの部屋を一室借りて、友人たちと一夜を過ごした。

その翌日は快晴だった。昨日の鬱憤を晴らすかのように、私たちは皆、海で泳いだ。大学生のお兄さんたちが漁師の網から魚を取ってきてくれて、それを私たちに分けてくれた。太刀魚だった。とても美味しかった。考えると、これは恥ずべき行為で、先生方は寛容であったと思わざるを得ない。

この時に、私は「戦後」を心から実感した。もう、「いつ空襲が始まるのか」などとは考えなくてよい時代になったのである。

終戦から7年後のことである。

「医学」と「農業」を支える個性的な二人の先輩との出会い

1956（昭和31）年、私は熊本大学医学部に進学し、学生寮での生活を送ることとなる。4学年、100人以上の学生が寮生活を送っていた。そこで色々な個性的な人間と出会い、その彼らとの活動を通じて、今に通じる色々なことを学んでいった。

特に二人の先輩のことをよく覚えている。

一人が、竹熊宜孝さんである。

私より二学年上の彼は、内科専門の医師だが、一つのユニークな哲学をもっていた。『養生訓』の教えに通じるが、「人の病は全て薬で治すものではない」という哲学である。医師になった後に、自分の体験を通じて、「薬で治すのではなく、生活習慣を改めて、健康を保つ」、「食べ物が薬である」、「医療は食から、食は農から、農は自然から学べ」、といった考え方を普及させた人である。

当時の彼は、大食漢で太っていた。「このままではいけない」と、彼は自ら食生活を変更した。これを契機に、彼は、野菜を栽培し始めた。

彼はよく、「昔のやり方で作るべきだ」、「元気なものを食べるべきだ」、「白米だけでなく、雑穀も食べた方がよい」、と言っていた。魅力的な人で、多くの人が彼の下に集まってきた。

もう一人は、小山和作さんである。

彼は、熊本大学大学院終了後、講師等を経て、日本赤十字社熊本健康管理センター所長となった先輩である。彼も内科医だった。予防医学と健康医学に尽力された先輩である。

農村医学研究会立ち上げに長野の佐久病院院長をしておられた若槻俊一先生の教えを受け、その思想、理念、人としての生き方に強い影響を受けた。

彼は、センター長時代に、農村の人々の食事の改良に取り組み、農民の健康管理に尽力し続けた人物として有名である。

若槻先生は、戦前に東京大学の大槻教授の下で指導を受けた方で、その斬新な発想ゆえにつど弾圧されたり拘留されたりした人物であった。1944（昭和19）年には、治安維持法違反の容疑で国に拘禁される。終戦前の1945（昭和20）年3月に、大槻教授の薦めを受けて、佐久病院の外科医長に就任した。

佐久病院は、その当初、数人程のスタッフしかおらず、建物も製紙工場の寄宿舎という寂しいものだった。だが、若槻さんは、「農民のために」、「農民とともに」という信念をもって尽力し、当時としては新しい「出張診療」を行ったり、「健康教育」を積極的に行ったりもした。その努力が実り、今は大きな総合病院となっている。

この二人の先輩と出会えたことで、私の世界も大きく広がったように思う。

病院のない農村地帯で、医師となる姿勢を学ぶ

大学時代、私は、この二人の先輩の下で、セツルメント運動に参加していた。

学生である私たちは、総勢20名ほどのグループで、病院のない農村地帯に自ら出かけていった。私たちが向かったのは、人吉からさらに東に向かった槻木《つきぎ》という場所だった。熊本県と宮崎県のちょうど県境のところである。

槻木の人々は皆、昼は田畑で働いているので、夜に一軒一軒歩いて回った。槻木でこの時に見た夜に輝く蛍や夜光虫の光は今でもよく覚えている。農家を訪問しては、そこで、血圧を測ったり、尿の検査を行ったりした。槻木の農家の人々は、皆、私たちを歓迎してくれた。よく焼酎をふるまってくれた。ただ、マムシの入った「マムシ酒」だけは、勇気がなくて、どうしても飲めなかった。

槻木中学校の校内が、私たちの寝床だった。この校舎で寝泊まりしながら、五日程度滞在して、大学に戻った。

最後の夜は、歓送会を開いてくれた。農民の方々から焼酎を勧められて、気を大きくしてたくさん焼酎を飲んでしまい、ひっくり返ってしまったこともあった。

また、セツルメント運動の一環として、水俣市の東部にある山間部にも足を運んだ。その山頂付近には、開拓団としてそこに入植し、そのまま住み着いた人々の住む集落があった。そこには、医学部生だけでな

く、看護学生や県立の女子大の学生たちも多く集まっていた。若い男女が集まれば、当然ながら、浪漫も芽生えるものである。二人の先輩を含め、多くの学生たちが恋をしていた。その部分は、他の学生と変わらないところだろう。

熊本市内の青葉住宅（青葉寮）にも行った。

この集合住宅は、引き揚げ者や戦災者たちのための専用住宅で、二階建ての木造の旧兵舎であった。ここには、経済的に苦しい家庭の人々が集まっていた。外の人間への警戒感もとても強かったので、住宅内に入ることがとても難しかった。私のような学生であっても、「お前は警察の手先だろう？」と警戒された。

しかし、粘り強く交渉を続けることで、やがてボランティアとして受け入れてもらえるようになり、住人たちの健康診断や健康相談も可能となった。

また、祭りを主宰し、住民の方たちとの交流も行った。こうした努力もあって、住民たちの信頼を少しずつ得ていった。

私たちは、この住宅の一室を貸してもらえることになり、地域住民との深い交流を大学卒業まで続けることができた。

こうしたセツルメントの活動を通じて、私は、多くの人と出会い、医師としてだけではなく、人間として多くのことを学んだように思う。

東京でのインターン時代で徹底的な「前向き」姿勢を教わる

日本中が2年後に開催される東京オリンピックに沸く1962（昭和37）年4月、私は、公立学校共済組合「関東中央病院」でのインターン（研修）を開始する。

東京に向かうために、熊本駅から夜行の蒸気機関車に乗った。夕方6時に熊本を発った。新幹線もない時代である。それは、長い旅だった。東京到着は、翌日の昼頃だったように思う。車内は満員状態。夜行列車には、スリが多かった。私の斜め前に座っていた中年女性も、所持金をすべて盗られてしまい、公安警察の取り調べを受けていたのを覚えている。警察官に「あなたは盗られてないか？」と聞かれたが、私は、靴下の中にお札をしっかりと忍ばせていたので、無事だった。

久しぶりにやってきた東京は、来たる東京オリンピックに向けて、どこも大がかりな工事が行われていた。空気はよどんでおり、埃だらけだった。

もともとこの病院は、結核の療養所だった場所だったが、医療の発展によって結核患者が激減したことで、関東中央病院となった。

かつての結核病棟が空いていたので、私は、その病室で寝泊まりすることになった。

当時、産婦人科部長として活躍されていた坂本正一先生は、後に、皇后さまをはじめとして女性皇族方の産婦人科担当医を長年務めた先生であり、日本産婦人科学会の会長に就任された方である。

とにかくバイタリティーに溢れていて、非常に勉強される方だった。教育にも研究にも熱心で、これまでに見たことのないお産の手技など、さまざまなことを教えていただいた。

体が大きく、いつも小走りに歩み、非常にエネルギッシュに研究を行う方なので、病院内では、「ダンプさん」というあだ名が付いていた。そして、多くの職員や患者さんに信頼される先生だった。

研究室でのもめ事も時折あったが、どんな時も、坂本先生は、心広く受け止め、それを気にも留めずに、読書を黙々と続けておられた。

この頃、関東中央病院にかかわる裁判が二つほど行われていた。

一つは、大学院生が倫理的な問題を引き起こしたことによる裁判だった。

今も世界中に1000万人以上苦しんでいる患者のいる梅毒の検査の際に、事は起こった。なんと、この大学院生は、他の患者たちの前で、「君は梅毒だ」と大声で言ってしまったのである。これに激怒した患者が裁判を起こしたのであった。

もう一つは、出産の際の「輸血」を巡る裁判だった。

あるお産の際に、産婦さんが大出血してしまった。医師は、親族の許可を取らずに、早急に輸血を開始し、なんとか一命を取り止めた。だが、この話を聞いた夫が、激怒してしまったのである。「夫である自分に断わりもなく、勝手に自分以外の者の輸血をするとはどういうつもりか！」と。そして、その夫が裁判を起こしたのだ。

このように裁判になるようなもめ事があっても、坂本先生は、いつでも「あれごときのことで心配することはない」と言って、周囲を落ち着かせていた。坂本先生は、威風堂々としていた。その先生から産婦人医療にかかわる様々なことを教えていただけたことは、幸いであった。私自身、多大なる影響を受けた。先生から教えていただいたのは、徹底的な前向きさである。

神経質になりがちな手術の際にも、前向きの姿勢で向かうことの大切さを教えてくださった。また、常々、「珍しい症例があったら、すぐに論文を書いて、発表しなさい」と仰っていた。

そんな関東中央病院でのインターンを終え、私は26歳で、医師の国家試験に合格し、産婦人科医となる。

その後、出身大学である熊本大学の産婦人科学教室の加来道隆《かくみちたか》先生の下でもっと学びたいと思い、研究員として入局することになり、約６年間、加来先生より医療並びに研究の指導をいただいた。

船医として世界を巡り、異国を知る

１９６５（昭和40）年１月２日、私が28歳の時に、妻・禮子《レイコ》と結婚式を挙げた。

この挙式の直後に、４か月半という長い間、私は日本を離れることになった。

その前年の１９６４（昭和39）年、研究室から、アフリカ行きの貨客船（重機などを運ぶ大型船）の船医として乗船してもらえないかという依頼を受けていたのである。私は、結婚後にかかる生活費のこともあったので、この依頼を引き受けることにした。

私にとって、この「船旅」こそ、初の海外であった。

1月7日に出航予定だったので、私は、1月2日の式を終えたその夜に、妻と夜行列車で神戸へと向かった。

あいにくの雪が降り続いていた。雪の間は、船に荷物を積み込むことができない。結局、4日後の11日に出航することになった。

私が乗り込んだ大型の貨物船は、西アフリカ、ガーナ、ナイジェリアに向かった。

私の船内での主な任務は、乗組員の健康管理および診療であった。風邪や怪我の処置等も行った。乗組員は全部で70名程度だった。そのほとんどが機関員と甲板員と通信士（オペレーター）だった。

ナイジェリアでのことは今でもよく覚えている。

アフリカで有名な黒檀の彫り物に興味があったので、私は、船を下り、彫り物店に向かった。店員は、私が外国人だと分かっているので、最初から法外な値段を要求してくる。交渉を行ったが、納得がいかず、別の店で黒檀の大きな象の彫り物を2個買った。

また、こんなこともあった。

港の岸壁が空いていなかった時のことである。この時、大きな川で停泊していた。

周囲からカヌーに乗った現地の人が、私たちの船に近づいてきて、「ヤシの実やグレープフルーツ、バナナを一升瓶などと物々交換しよう」、と言ってくる。そのうちの一つのカヌーには、赤ちゃんを抱いて乳を飲ませている女性が乗っていた。赤ちゃんの顔は布で見えなかったが、その様子から、まだ小さな赤ちゃんだと思った。私が冗談で、その赤ちゃんと私が持っているものを交換しようというジェスチャーをしたところ、その女性は、抱いていた赤ちゃんを私に差し出してきたのである。母親は、赤ちゃんと引き換えに、必要な物資を得ようとしていたのであろうか。私は驚き、あわてて身振り手振りで、断った。「まさか赤ちゃんと物々交換なんて…」と思ったが、その当時としては、あり得ない話でもなかった。

南アフリカでは、こんな出来事に遭遇した。

その国をバスで移動していると、黒人の男に「早く歩け！」と怒鳴られながら、後ろから細い竹棒で軽く叩かれ、追われながら歩いていく女の子をみた。「女衒《げぜん》」だと思った。遊女屋に売られていく子どもの姿ではないだろうか。これには胸を痛めたが、私には何をすることもできなかった。

また、貨客船は、アジア方面にも向かった。この当時、シンガポールでは、反日感情が強く残っていた。船の通信士と二人でシンガポールの街中の中国レストランに行った時のことである。レストランの店員は、私たちが日本人だと分かると、明らかな不快感を表し、2階の席に案内した。この時、日本人が来たということで、多くの現地人が店の前に集まってきた。彼らの目はとても険しく、身の危険を感じるほどだった。

とはいえ、全ての人が反日感情を抱いているわけでもなかった。シンガポール最後の晩、私は屋台に行った。屋台の店主に、「今夜船が出るから、今日でシンガポールともお別れだ」と伝えると、その店主は、「これをもって行け」と言って、美味しそうな焼き豚を新聞紙に包んで、私にくれたのである。

また、亡き父が赴いたマレーシアのジョホールバールにも立ち寄ることもできた。

この4か月半の船医としての仕事は、私に、知らない世界のことをたくさん教えてくれた。

船医としての任務を終えた私は、同1965年6月、熊本大学医学部産婦人科学研究室に戻り、再び診療と研究に従事することになる。

慈恵病院との出会いと医師としての出発

当時の私の研究テーマは、「子宮頸がんの細胞と組織培養についての研究」であった。つまり、子宮頸がんの治療のための基礎的研究である。

がん細胞は生きている。細胞には代謝があり、栄養を必要としている。がん組織またはがん細胞を培養する際、組織や細胞は生きて活動しているので、培養液の性状も日に日に変わってくる。その性状は、培養液の色によって判定するのだが、そのためにも、常に組織、細胞が生きていけるような条件を整えなければならない。

当時は、培養液を今のように簡単に作ることはできなかったので、とても大変な作業だった。

こうした作業を通じて、組織の培養によってがん細胞が増殖していくその過程を明らかにするために、形態学的に観察を繰り返していた。明け方まで実験室で過ごすことも多々あった。

診療においては、私は、婦人科の中にある進行がんの放射線治療部門の医療班に配属されることになった。がんで亡くなる人に対しては、もう祈るしかなかった。

最善の治療を尽くして天命を待つしかなかった。

しかし、産科で亡くなる母親を思うと、深刻に考えざるを得なかった。産科というのは、婦人科と違って、予想しえぬことがたびたび起こる世界である。生と死と向き合わざるを得ない立場にあった。

そして、1969（昭和44）年、これまでの一連の研究成果をまとめ、学位論文として大学に提出し、学位を取得することができた。33歳の時である。その後、恩師である加来先生の薦めもあって、琵琶崎聖母慈恵病院に赴任することになったのである。

もちろん、慈恵病院の名は知っていたし、キリスト教系の素晴らしい病院だということも分かっていた。だが、実際に慈恵病院を訪れたことはなかった。その頃の私の印象としては、「シスターの多い清潔で清楚な病院」という感じだった。

この頃は、まだ修行というか、もっと勉強をしなければ、という気持ちが強かったため、1、2年務めればよいだろうと思っていた。現在に至るまで、実に47年間も長く務めることになるとは、この時点では夢にも思っていなかった。

今、改めて私の人生を振り返ってみると、多くの人から、現実の世界で実際に生きている人に寄り添うことの大切さを教えられてきたのだと実感する。それは、病院の中の患者だけではない。限界集落で暮らす農民や、貧しい生活を送っている異国の人たちなど、世の中には、助けを必要としている人や、誰の助けもなく、寄る辺なく困っている人は常に存在しているのである。そういう人たちのために、私にできることはないだろうか。これが、恐らく私の心の奥底にある思想なのだと思う。

結語

ドイツの幼児園では、クリスマスになると、先生は子どもたちに「使わないおもちゃをもってきなさい」、と言うらしい。そのおもちゃをどうするのかというと、貧しい国の子どもたちに贈るのだそうである。そして、子どもに、「困った人がいたら、自分のできる範囲でよいから、何かその人のためにしてあげなさい」と言うのだそうだ。

今、日本においても、こういった教育が大切なのだと切に思っている。幼児の初期から、そういうことをしっかりと教えなければ、後にそれを教えることは難しいだろう。困っている人がいるのであれば、助けるべきである。

それは、子どもであっても、大人であっても、同じである。私たちはそのことを繰り返し思い起こさねばならない。私たちも、いつどこでどう困るか分からない。本当に困った時に、人間は、このことの大切さを思い知るのである。

私は、数年前に左足を切断した。

以後、車椅子での生活を送っている。ゆえに今、私は、色々な人に支えられて生きている。

人は、他者の助けなくして、生きていくことはできないのである。私たちは、支え、支えられて生きているのだ。

幸い、ゆりかごを設置して以来、全国の小中学校や高等学校から講演の依頼が多数来るようになった。いのちの教育の大切さを実感している。

中学校と高等学校からの講演依頼が最も多い。おそらく全国の先生も、若い女子生徒たちの予期せぬ妊娠を心配されてのことだと思う。事実、18歳以下の女の子の妊娠は多いし、また中絶も多い。私たちのところにも、10代の女性からの相談は多い。先生たちもそれに応えようと、いのちの教育に尽力されている。

さらに、最近では、看護、保健、医療、保育といった分野の専門家たちの講習会にも呼ばれるようになった。

これまで出産と子育ては別物として捉えられてきたが、近年、妊娠、出産から子育てまで包括的に捉えようとする動きが高まってきている。これは、よいことである。

今後、各々の立場を超えて、皆で妊婦やその子を見守り、社会全体で彼女たちを支援していけるようになることを私は願っている。

第2章

名前のない母子のために

——赤ちゃんポスト、或いは内密出産

柏木恭典

序節

赤ちゃんを捨てる箱？合法か違法か、各国で検討される赤ちゃんポスト

産まれたばかりの赤ちゃんが、公園のトイレやゴミ箱の中で、遺体となって発見される、そんな事件がたびたび報道される。

こうした事件が起こるたびに、「どうして生まれたばかりの赤ちゃんを棄てるのだろう」、と思う。そして、「いったいどのような人がどのような事情で、そんなことをするのだろう」、という疑問がふつふつと湧いてくる。

いったいどうしたらこうした母子に支援の手を差しのべることができるのだろうか。

さらに悲痛な事件がある。母子の無理心中である。生まれたばかりの赤ちゃんを道連れにして、母親が自殺するのである。なぜ産んだばかりの赤ちゃんを巻き添えにしてまで、母子心中という最も悲惨な行為を選択するのだろうか。

母子心中を含め、毎年１００人ほどの赤ちゃんがいのちを落としている。

赤ちゃんを殺める母親は、ほとんどの場合、誰かに自身の妊娠のことを打ち明けたりしない。誰かに相談することもなければ、あてになる人も傍にいない。それどころか、医療機関での定期健診も受けておらず、誰にも知られないまま、自宅や車中で出産している。ゆえに、誰もその母子のことを知らない。たと

えその存在は知っていても、その母子の差し迫る危機的状況を知る人はいない。
そんな「名前のない母子」を救う方法の一つの策として登場したのが、赤ちゃんポスト（Babyklappe）である。

赤ちゃんポストは、ドイツ北部にある大都市ハンブルクで、１９９９年12月に考案され、２０００年４月に運用が開始された。運用開始後、赤ちゃんポストは瞬く間に広まり、ドイツ全土に設置されるようになった。

２０１５年までのこの15年の間に、閉鎖されたものも含めて、実に１００か所に赤ちゃんポストが設置されてきた。

赤ちゃんポストは、その後、同じドイツ語を母国語とするオーストリアとスイスに広まり、赤ちゃんポストの運用も始まった。そして、中欧へ、そして世界へと広まっていった。

日本においても、２００７年に熊本慈恵病院に設置され、大きな国民的関心となった。設置したのは、本書第1章の蓮田太二だった。当時の首相であった安倍晋三は、報道陣にこの赤ちゃんポストについて聞かれ、「お父さん、お母さんが匿名で赤ちゃんを置き去りにするのは、私は許されないのではないかと思う」と答えている。

赤ちゃんポストは、「赤ちゃんを捨てる箱」といったショッキングなイメージもあって、日本でも賛否両論を呼んだ。その後、テレビドラマやドキュメンタリー番組が制作され、今では誰もが知る言葉となった。

ドイツの赤ちゃんポスト、Babyklappe

そんな赤ちゃんポストだが、いずれの国においても、合法とも違法とも言えず、その是非をめぐって激しい議論を引き起こしている。その折り合いは未だについておらず、法的根拠をもたない中で運用され続けているのが現実である。

現在、欧州のみならず、中国、韓国、アメリカ、南アフリカなどでも、赤ちゃんポストが設置されているか、あるいは、その設置が本格的に検討されており、世界各地で、赤ちゃんのいのちを守る新たな手段として使われ始めている。

２０１４年９月には、スロヴァキアの首都ブラティスラヴァで、世界初となる赤ちゃんポストの国際会議も開催され、赤ちゃんポストをめぐる議論は、まさにグローバルなものとなりつつある。

しかし、発祥の地ドイツにおいても、赤ちゃんポストはまだまだ議論の渦中にあり、それははたしてよいものなのか、それともよくないものなのかの決着はついていない。赤ちゃんポストへの批判の声は15年経った今でも根強い。その一方で、赤ちゃんポストを「最後の手段」として重視する声も決して消えることはない。ゆえに、「合法とはいえないものの、違法ともいえない」というあいまいな見方に留まり、「グレーゾーン」と捉えられている。

そんな中、赤ちゃんポストや匿名出産に代わるオルタナティブ（別の選択肢）として、「内密出産」という新たな方法が考案され、２０１４年５月に合法化された（１２５頁以降を参照）。

日本では、２００７年の運用開始から８年後の２０１５年10月現在で、１１２名の赤ちゃんがこうのとりのゆりかごに預け入れられている。１か所の赤ちゃんポストにこれだけの赤ちゃんが預けられていることには、ドイツの赤ちゃんポスト設置者たちも驚いている。

赤ちゃんポストの賛否がどう分かれようとも、おそらく今後も、熊本の小さな病院の「ゆりかご」には、幼きいのちが託され続けることになるだろう。

本章では、日本の赤ちゃんポスト「こうのとりのゆりかご」のモデルとなったドイツの赤ちゃんポスト「Babyklappe」について述べていくと共に、この問題の背景にあるものについて語っていくことにしたい。

第1節
赤ちゃんポストを創設したシュテルニパルク

世界で最も罪深い1マイル

熊本市の中心部から車で10分くらいのところに、日本初の赤ちゃんポスト「こうのとりのゆりかご」がある。緩やかな坂を少し上ったところにある小さな病院の片隅にひっそりと置かれている。母親への配慮もあり、一度病院の敷地に入れば、誰にも見られることなく、匿名のままで、赤ちゃんを病院のスタッフに託すことができる。

私も何度もこの場所を訪れ、どんな思いでこの場所に来て、どんな気持ちで我が子をこの病院に託したのかを考えたりもした。もちろん訪れたからといって、ここにやってきた人たちの気持ちなど分かるわけがない。だからこそ、この問題に取り組みたいとも思い、研究を続けている。

この場を訪れる度に、熊本という街に惹かれていく自分がいた。

「九州のおへそ」と言われる熊本は、実に魅力的な街である。豊かな自然もあり、美しい熊本城もそびえ立つ。そして、市内は実に活気に溢れている。

中心となる市街地では、大きなアーケードが中央を南北に貫いている。

サンロード新市街アーケードを通り抜け、左に曲がり、下通りアーケードを行き、そして上通りアーケードに進む。その途中には、無数のショップやレストランや美術館などがあり、たくさんの路地がある。その路地も活気に満ち溢れている。

深夜になると、このアーケードや路地には、多くの若い女性たちが呼び込みのためか、路上に立ち、通行人に話しかけている。

路地を歩いていると、数えきれないほどの飲み屋や飲食店がある。全国でも屈指の熊本ラーメンを提供する店も、この路地に集中している。

当然ながら、「夜の店」も無数にある。

この路地に佇むある飲食店の人に話を聞くと、「地元出身の女性のみならず、県外の女性や外国人女性もたくさんこの街で働いています。夜の仕事をする女性もたくさんいます」ということだった。

この街の活気の背後に、日々、夜の仕事に従事する多くの女性の姿が浮かび上がってくる。

この風景を眺めていると、北ドイツの大都市ハンブルクにある欧州最大クラスの歓楽街、レーパーバーン（Reeperbahn）を思い出す。

レーパーバーンは、あのビートルズがその初期に活動していた場所で、快楽や娯楽や享楽を求めて世界中の人が集う欧州一の歓楽街である。

この通りは、「世界で最も罪深い1マイル」とも言われており、やはり「夜の店」が溢れ返っているエリアだ。日本で言えば、新宿の「歌舞伎町」に近い。当然、そこで働く女性たちの中には、ドイツ人のみならず、欧州全土――とりわけ欧州の中でも貧しい国――からやってきた「出稼ぎ」の外国人もたくさんいる。

欧州一となった経済大国ドイツは、この数年の好景気もあって、外国人労働者が集中する国となっている。

レーパーバーンを歩くと、たしかに「歓楽街」の活気を感じる。一部、女性や18歳未満の子どもの立ち入りを禁止しているエリアがあり、そこでは、風俗店がしのぎを削っている。

そんなレーパーバーンを西に1キロメートルほど歩くと、ハンブルク＝アルトナ地区に入る。

このアルトナ地区こそ、世界で初となる赤ちゃんポスト＝Babyklappeが生まれた地区であり、このアルトナ地区の中心エリアにあるゲーテ通りこそ、赤ちゃんポスト発祥の地である。

このゲーテ通りにある一つの小さな幼稚園の片隅に設置されたのが、世界初の赤ちゃんポストである。

この場所に赤ちゃんポストを設置したのは、１５００名以上の子どもの教育や保育の実践を行う「シュテルニパルク」という民間の教育団体であった。

この事実を知った時、私は、驚きを隠せなかった。

なぜ、幼稚園や保育園を運営している団体が、赤ちゃんポストのようなものを作って、設置するに至ったのか。

いったいどんな人がこの赤ちゃんポストを作ったのか。何のために、どういう理由から、赤ちゃんポストを作ったのか。

それまで教育と福祉をずっと学びつつ、ドイツを研究のフィールドにしてきた私にとって、このシュ

幼稚園の片隅に設置された世界初の赤ちゃんポスト

テルニパルクとの出会いは、只ならぬ未知なるものとの遭遇であった。

いったい、シュテルニパルクとはどんな教育団体なのだろうか。

まず、このことについて述べていくことにしたい。

シュテルニパルクとは

シュテルニパルクは、幼稚園や保育園、母子支援施設のほか、園舎をもたない「森の幼稚園」や、長期休暇中の子どもたちのための「青年の家」も運営している。

現在のシュテルニパルク代表であるライラ・モイズィッヒ（以下、ライラ）とも、折に触れて、意見交換を続けている。私と同世代ということもあり、感覚的に理解し合える地平にあった。最初は、「熱くて、貫禄のある女性」という印象を受けたが、今は、二児の母ということもあり、とても穏やかで、凛とした、激しい荒波を乗り越えた女性という印象に変わっている。

このライラこそ、赤ちゃんポストを含む、さまざまな匿名の支援の責任者であり、2000年以降ずっとその最前線で戦い続けてきた人物である。

2013年、シュテルニパルクは、公益民間団体フェアアイン（Verein =ドイツ伝統のNPO法人のような地域団体）をやめ、有限会社（GmbH）化された。

シュテルニパルクは、「会社」になったのである。

日本でも、民間企業の保育事業参入の話は度々耳にするが、幼稚園や保育園を運営する社会福祉法人や民間団体が会社化される、という話は聞いたことがない。

このことからも、シュテルニパルクは独自性の強い教育団体だということが分かるだろう。

新しくなったシュテルニパルクの事務所は、洗練された都会のオフィスさながらの風景だった。ハンブルク市内の街中の大きなビルの二階のフロア全体が事務所になっており、この団体が新たな局面に入っていることを肌で感じた。

シュテルニパルク創設以来ずっとシュテルニパルクを支え続けてきたガブリエレ・ルーフェナッハは、「シュテルニパルクの事業は、今や幼稚園の運営だけに留まらず、多岐にわたっています。規模が大きくなりすぎました。これまでの組織形態ではこれらの事業を維持することは難しいと考え、2013年に会社化したのです。これは、シュテルニパルクにとっての次なる成長の第一歩です」と、その理由を語ってくれた。

ライラの父であり、シュテルニパルク創設者であるユルゲン・モイズィッヒ（以下、ユルゲン）は、も

シュテルニパルクのオフィシャルホームページ

ともと60年代に学生運動に深く関与したリベラルな教育学者であり、フランクフルト学派、とりわけテオドール・ルートヴィヒ・アドルノの影響を受けた社会学者でもある。と同時に、彼は幼児教育の実践者であり、80年代以降、理論と実践を往来しながら、教育の世界を歩み続けてきた人物である。

そのため、彼の思想や哲学の実践の場としての幼稚園・保育園という側面も強い。

また、国際都市ハンブルクということもあり、外国人の親をもつ子どもたちも多数受け入れている国際色豊かな幼稚園・保育園を運営している。母国語であるドイツ語だけでなく、英語を話せる教師や保育者も積極的に雇用しており、「外国語」での教育や保育も行っている。

赤ちゃんポストを設置する以前のシュテルニパルクは、小さな民間教育団体に過ぎないものの、その当時から個性の強い進歩的でグローバルな幼児教育を行う団体であった。

ユルゲンは、90年代、初等教育の段階で、どのようにして子どもたちに「かつての戦争（第二次世界大戦）」を教え伝え

ユルゲン・モイズィッヒ氏と著者

ていくか、という「アウシュヴィッツ以後の教育（Erziehung nach Auschwitz）」に力を注いでいた。

この当時の彼は、ユダヤ文化を始めとして、異文化についての関心も強かった。

１９９２年には、『無礼で反抗的でずる賢くて生意気でいつでもダンスをしたがるグエグエンスの物語』という絵本の翻訳も行っている。

この作品は、中央アメリカにある（スペインによって侵略された時代の）ニカラグア（現ニカラグア共和国）で生まれた何百年も昔の物語で、自由に生きていたインディアンの物語である。ユルゲンは、「この物語の主人公のグエグエンスが自由で反権威的で、気に入った」と語る。

そんなシュテルニパルクに大きな転機が訪れたのが、突如、「ベビークラッペ」なるものを設置し、その是非を世に投げかけた２０００年だった。

シュテルニパルクについて

≪シュテルニパルクの概要≫

● 1990年に幼稚園を運営する民間団体（Verein）として設立。
● 1999年より、「捨て子プロジェクト」を開始。赤ちゃんポスト運用開始。
●現代表はユルゲン・モイズィッヒとライラ・モイズィッヒ。
●団体の大規模化と職員数の増加を理由に、2013年に会社化（GmbH）する。2015年12月時点で、職員数は約450人。
● 2015年、難民・移民の子どものための支援施設を開設。

≪シュテルニパルクの五つの教育理念≫

①妥協せずに、状況判断する
②自由と配慮
③民主主義への教育
④個性と自己意識
⑤教育は決して中立ではない

≪シュテルニパルクが運営する主な施設≫

主な施設	施設数	注
①こども園（Kita）	15	0歳～6歳の子どものための保育・教育施設
②森の幼稚園	2	①と②で1800人の児童が通園
③母子支援施設	3	日本の母子生活支援施設とは異なる独自の施設
④スイミングスクール	1	
⑤難民児童支援施設	1	2015年に設置

＊赤ちゃんポストは、こども園に2か所、母子支援施設に1か所、計3か所に設置されている。

幼児教育の現場から生まれた赤ちゃんポストの誕生

2000年4月8日、世界初となる赤ちゃんポスト、「ベビークラッペ（Babyklappe）」がハンブルク＝アルトナ地区の「ゲーテ通り幼稚園（Kinderhaus Goethestaße）」の片隅に設置された。

この日が、赤ちゃんポストの「誕生日」である。

その翌月5月18日には、同じシュテルニパルクによって、ハンブルク＝ヴィルヘルムスブルク地区の保育園（Kita）に、二つ目の赤ちゃんポストが設置された。

その後、リューベックで母子支援施設「アガペーの家」を運営してきたフリーデリケ・ガルベがシュテルニパルクの赤ちゃんポストに倣い、同施設に赤ちゃんポストを設置し、続いてベルリンでも設置されるようになる。

こうして、急速な勢いで新たに赤ちゃんポストの設置が相次ぐことになった。

日本では、病院に初の赤ちゃんポスト「こうのとりのゆりかご」が設置されたため、あまり教育との結びつきを感じないが、上述したように、もともとのアイデアは、幼児教育の実践の中から生まれてきたものだった。

このことを知った2005年頃、私は、おぼろげに、新しい教育学への何かヒントがつかめるのでないかと思った。

「どうして幼稚園や保育園を運営する団体が赤ちゃんポストなるものを作ったのだろう。そこに何があったのだろう」と。

赤ちゃんを置き去ることのできる新たな小さな「装置」は、その斬新さゆえに、すぐにドイツでも話題となった。当時は、「赤ちゃんポストブーム」とも言われるほどだった。

シュテルニパルクの職員たちは、連日、報道機関からの取材に追われることになる。ライラも、「あの頃は、毎日のように取材があり、本当にたいへんだった」と、当時を振り返っていた。

当然、賛否両論だった。

かなり厳しい意見も多数寄せられたという。それでも、彼らは赤ちゃんポストを取り外すことなく、今も同じ場所に、同じように置き続けている。

赤ちゃんポスト誕生の背景にある アウシュヴィッツ以後の教育

いったいなぜシュテルニパルクは、幼稚園を運営する傍らで、赤ちゃんポストなるものを作ったのか。

そのことを知る上で重要となるのが、赤ちゃんポスト創設の２０００年以前に積極的に集中して取り組んでいた「アウシュヴィッツ以後の教育」の実践であった。

ホロコーストを二度と繰り返さないために

アウシュヴィッツといえば、現在のポーランド南部にある「アウシュヴィッツ強制収容所」のことだ。アウシュヴィッツ以後の教育は、ユダヤ人の哲学者・社会学者のアドルノが当時の教育学に対して要請した概念である。

彼が書いた次の一文は、とても有名である。

> アウシュヴィッツが二度とあってはならないということは、教育に対する最優先の要請である。（Adorno, 1966）

この言葉が端的に示すように、二度とアウシュヴィッツの悲劇を繰り返さないために行う教育が、「アウシュヴィッツ以後の教育」である。

アウシュヴィッツ以後の教育は、ドイツにおける「戦後教育」、「平和教育」のキー概念の一つであり、また、近代史の中で最も残忍で冷酷なかつてのユダヤ人大量虐殺（ジェノサイド、ホロコースト、ショア）をどう記憶し、伝えていくかということにかかわる教育でもある。

日本でも平和教育は積極的に行われてきたが、ドイツは、ヒトラーを生み出した国ということもあり、その過去の反省を強く意識したアウシュヴィッツ以後の教育への関心は強い。

では、アドルノは、この教育にどんな意味を込めていたのだろうか。

そして、それをユルゲンはどう理解していたのだろうか。

その際に、教育学者の今井康雄の次の言葉は参考になる。

アドルノの教育論は「過去の克服」問題を抜きにして考えることはできない。[…]「過去の克服」の文脈にアドルノの教育論を据えてみると、その現実介入的な性格が浮き彫りになる。[…]アドルノの教育論は、「克服されざる過去」という否定的現実を変えることに自らの課題を見ていたのである。[…]アドルノの場合、教育には、民主主義にとって不可欠な「政治的成人性（成熟）」を、否定的な現実に抗して育成するという極めて重大な使命が帰せられ、したがってまた大きな期待が寄せられていた。（今井、2015：387）

このように、アドルノは、単に平和教育の実施を要請していたわけではなく、「克服されざる過去」という否定的現実を変革することを教育学の課題とし、また、否定的な現実に抗することで、民主主義に欠かせない政治的成熟を育成する必要があると考えていた。

そのため、アウシュヴィッツ以後の教育というのは、単に「戦争はいけない」、「大量殺戮はよくない」という考えを子どもに教育することに留まらず、児童遺棄や児童虐待に示されるような「否定的な現実」に対して実際にどう抗っていくかという問いを自分自身に課す教育であり、その現実に抗うことで、成熟した人間を育成する教育のことをいうのである。

アドルノは、社会的な「弱者」が生まれるメカニズムについても、こう洞察している。

あらゆる迫害の歴史において立証されているパターンとは、弱者に、とりわけ社会的に弱い立場にありながら同時に、正当にもあるいは不当にも、幸福だと思われている人々に、怒りが向かうということである（同右）。

この指摘は、望まない妊娠に悩む女性に対しても、十分に当てはまることではないだろうか。妊婦というのは、社会的に十分に配慮されなければならない存在でありながら、最も幸福だと思われている存在である。

妊娠というのは、常識的に考えると、最も祝福すべき事柄であり、誰もが「おめでとう」と言うことをためらわない出来事であろう。

それにもかかわらず、その妊娠に悩むというのは、いったいどういうことなのか、と。

また、人工妊娠中絶をこの問題に重ねて、「生まれる必要のない人間は存在するか」と問う時、アウシュヴィッツの問題と人工妊娠中絶の問題が同じ根をもつ問題であることに気づかされるだろう。

もし「イエス」と答えれば、アウシュヴィッツ的なものが肯定されてしまうし、また「ノー」と言えば、人工妊娠中絶は否定されることになる。

アウシュヴィッツ以後の教育は、自ずと、いのちの問題と向き合うことになる。いや、向き合わざるを得ない。

アウシュヴィッツ強制収容所（著者撮影）

これまでシュテルニパルクが行ってきたアウシュヴィッツ以後の教育は、赤ちゃんポストの取り組みとどうつながっているのか。

このことをライラに質問したことがある。するとライラは、こう語ってくれた。

「アウシュヴィッツ以後の教育の問題と、赤ちゃんポストを含む捨て子プロジェクトの問題は、私の中でも、また私の父の中でも、つながっています。それは明らかです」。

では、いったい、どこでどうつながっているのだろうか。

そのことをさらに尋ねると、彼女は、私に数枚の文書を手渡し、「これを読んで」と言ってきた。それは、これまでのシュテルニパルクの歩みをまとめたユルゲンの講演録の内容であった。この講演録は、シュテルニパルク15周年と捨て子プロジェクト5周年を記念して２００５年に行われた講演をまとめたものだった。

冒頭には、「シュテルニパルクの親愛なる友人たちへ、親愛なるご両親へ、親愛なる職員のみなさまへ、親愛なる子どもたちへ」、と書かれており、シュテルニパルクに関係するすべての人に語りかけているものだと分かる。

どうやら、この文書の中にシュテルニパルクのアウシュヴィッツ以後の教育と、赤ちゃんポストをつなぐヒントが示されているらしい。以下、この文書に基づいて、シュテルニパルクのこれまでの歩みを振り返ってみよう。

小さな私立幼稚園からスタートしたシュテルニパルクの歩み

フェアアイン・シュテルニパルクは、1990年にハンブルクで産声を上げた。

ベルリンの壁崩壊の翌年に設立された団体であり、教育団体としては比較的若い団体である。立ち上げたのは、ユルゲンと妻のハイディ・カイザー（以下、ハイディ）である。

なお、フェアアインという言葉は、ドイツ伝統の言葉で、現在の言葉で言えば「NPO団体」のようなものだが、地域のサッカーチームやバレーボールクラブもフェアアインという言葉で表記されるので、NPOとは少しニュアンスを異にする。

利益を追究する企業ではなく、公共の福祉や教育のための民間組織で、7人以上の構成員がいればフェアアインとして公認される。

ユルゲンは、この1990年頃のことを、こう振り返っている。

　この頃のシュテルニパルクの力点はまだ幼稚園（Kinderhaus）にありました。私たち夫婦は親であり、またプロの教育者であり、幼稚園（Kindergarten）を設立したいと思っていました。そう、その時代にハンブルク内にある幾つかの他のフェアアインと同じような幼稚園を…。

この一文から、1990年当時のシュテルニパルクは、まだ他のフェアアイン系の民間幼稚園とあまり変わらないごく普通の幼稚園だったということが分かる。

ただし、このフェアアイン系の幼稚園それ自体が、そもそもオルタナティブな教育団体であった。つまり、このフェアアイン系幼稚園は、どれもいわゆる既存の公立幼稚園の伝統や権威に逆らい、子どもの主体的な学びを尊重する「新教育運動」の影響を受けながら、子どもの自発性や自主性を重んじるリベラルな教育観をもつ民間幼稚園であった。

また、当時のハンブルクは、慢性的な幼稚園不足に苦しんでいた。

　この時代、ハンブルクのあちこちで幼稚園が足りなかったので、ハンブルク中のいたるところの賃貸住宅に、市の助成を受けた小さな幼稚園が雨後のタケノコのように現れました。

当時の彼については、1991年に夫婦で出版した『幼稚園緊急事態（Der Kindergartennotstand）』で詳しく述べられている。

シュテルニパルクの幼稚園は、「シュテルニパルク」の語源となった「シャンツェン公園」近くのクライネン・シェファーカンプ通り沿いにある賃貸住宅の半地下のフロアだった。そこに、二つの事務所と20名の子どものための部屋を設けただけの小さな幼稚園だった。

この建物は古く、改築予定もなかったので、ユルゲンは新たに自分たちの幼稚園としてふさわしい場所を探し回った。そして見つけたのが、ハンブルク＝アルトナ駅近くのゲーテ通り27番地の建物だった。

この建物は、その当時の幼稚園の一般的な賃貸料の半分程度だったそうである。この建物こそ、世界初の赤ちゃんポストが設置された場所であり、その後のシュテルニパルクにとって最も重要な拠点となる場所だった。

ドイツの赤ちゃんポストを視察するすべての人がこのゲーテ通りの幼稚園に向かうことになる。

こうして、シュテルニパルクは１９９０年、ごく普通の小さな私立幼稚園として船出したわけだが、もちろん、名前を隠そうとする母子の支援や赤ちゃんポストの発想など全くなかったし、望まない妊娠に悩む妊婦のための妊娠葛藤相談を行っていたわけでもなかった。あくまでも、新たなスタイルの幼稚園を設立することがユルゲンとハイディの願いだった。

赤ちゃんポスト発想の原点となる、ユダヤ文化との出会い

シュテルニパルクは、ごく普通の民間の幼稚園から出発した団体だった。そのシュテルニパルクは、いったいなぜ、アウシュヴィッツ以後の教育というテーマを見出し、そして赤ちゃんポストの設置へと舵を切っ

たのだろうか。

転機が訪れるのは、１９９３年である。この年に、シュテルニパルクは、新たな幼稚園を創設するために、ヴォーラース・アルレー58番地の邸宅を購入する。この邸宅は、ユダヤ人が追放される１９３６年まで、「ユダヤ人の家（Jüdisches Volksheim）」として使われていた建物であり、そこにユダヤ人の子どものための幼稚園も併設されていた。

この家は、イギリスの「セツルメント運動」を手本として作られたものであり、あらゆる階級の人々が共同生活を送り、共に労働する住居であった。

この家に設置された幼稚園との出会いについて、ユルゲンはこう述べている。

> この家を購入することで、ドイツの歴史を、直接自分たちの手にたぐり寄せられたことは、シュテルニパルクにとって幸いでした。破壊されたユダヤ人の生活の記憶は、もはや抽象的ではなくなりました。そして、ますます時代の隔たりが大きくなる中で、いかにしてこの過去の記憶を残す新たな形式を発展させるか、という課題が私たちに与えられました。

このように、アウシュヴィッツ以後の教育への関心は、たまたま幼稚園用に購入した邸宅の歴史を知ったことで生まれている。

かつて、ユダヤ人は、ヨーロッパの広い範囲で、迫害され、追放され、殺害されていた。そんなユダヤ人の暗い歴史を子どもたちにどのように伝え、残していくのか。それがユルゲンにとっての大きな課題と

「ユダヤ人は望まれていない」というプラカード写真

なった。

ユダヤ人への迫害の事実は、日本人でも、欧州各地にあるユダヤ博物館などで実際に確認することができる。「ユダヤ人は歓迎しない！」、「この町の住民はユダヤ人を望んでいない！」、そう書いたプラカードが無数に展示されている。この過去を塗り替えることはできないし、それをなかったことにすることもできない。

しかし、それでも一部の人間の間には、ユダヤ人への嫌悪が色濃く残っており、また戦後70年が過ぎ、アウシュヴィッツの悲劇をリアルに実感することは年々難しくなってきている。

新生児遺棄事件から赤ちゃんポスト構想へ

この薄れゆく過去の記憶をどう残していくか、そして、二度とアウシュヴィッツの悲劇を繰り返さないために、自分たちに何ができるのか、何をすべきか。

そうした問題意識を強く抱き、その新たな道を模索していたユルゲンに、更なる転機が訪れるのは、ハンブルク市内で４人の赤ちゃんが遺棄され、そのうちの２人が死亡するという悲痛な事件が起こった１９９９年のことだった。

この４人の遺棄については、『赤ちゃんポストと匿名出産――捨て子と遺棄する母親の社会的状況――』を執筆したクリスティアーネ・ビアーザックが明らかにしている。

１９９９年５月８日に、ハンブルク・アイルベクの保育園前に赤ちゃんが捨て置かれているのが発見された。この男の子は無事保護された。同年８月14日には、ハンブルク・アルトナ地区北部で新生児の遺体が発見された。同年９月27日には、ハンブルク・バルムベクで、段ボール箱に入れられた赤ちゃんが発見された。この女の子は無事保護された。同年12月10日には、ハンブルク・ビルブロークのゴミ用コンテナの中で、新生児の遺体が発見された（Biersack, 2008：16）。

この時期に、ユルゲンとハイディは、幼稚園の増設を止め、新たに母子支援施設（Mutter-Kind-Haus）を開設する計画を立て始めていた。そのきっかけは、やはりこの相次ぐ赤ちゃんの遺棄事件だった。

この計画を練っている時に、ハイディは、ふと新たな考えを思いついた。その当時のことを、ユルゲンはこう語っている。

> すべては、母子支援施設を設立する計画と共に始まりました。議論の場で、「いったいどうしたら公的な支援を受けることに不信をもつ母親を助けることができるのか」、という問いが出されました。その時、ハイディ・カイザーが、私たちの母子支援施設に、母親が子どもを置けるような温かいベッドを設置したらどうだろうか、

というアイデアを思いついたのです。

この言葉から分かるように、赤ちゃんポストのアイデアを出したのは、ユルゲンでもなく、またその娘のライラでもなく、ハイディだったのである。

無論、その後、実際の赤ちゃんポストの設置においては、ユルゲンもライラも深く関与している。だが、そのアイデアそれ自体は、ユルゲンの妻であり、ライラの母であるハイディによるものだった。

1999年12月、シュテルニパルクは、本部に「24時間ホットライン」を設置し、本格的な「捨て子プロジェクト（Projekt Findelbaby）」を開始する。次いで、同じ月にドイツ初となる「匿名出産（Anonyme Geburt）」も行われる。その翌年4月に赤ちゃんポストを開設し、シュテルニパルクの名はドイツ全土で知られるようになる。

このシュテルニパルクの「変身」について、ユルゲンはこう述べている。

シュテルニパルクは、今や、子どもの保育（Kindertagesbetreuung）を行う以上の団体であります。遅くとも、ドイツで初の赤ちゃんポストを開設した2000年以降は、子どもの保育を行う以上の団体となっています。

公的な支援に信頼を寄せることのできない妊婦や母親と、排除と迫害の長い歴史を歩んできたユダヤ人。どちらとも、社会の片隅で、嫌われ、偏見の目にさらされ、誰にも歓迎されず、排除される象徴的な存在であると言えよう。

そうした人たちに対して、一人の教育者として、一人の人間として、何ができるのか。ユルゲンが自分自身に投げかけていた問いは、まさにこのことであった。

どんな時代においても、どれだけ社会システムが発展しようとも、常にそこから漏れる存在がいる。その存在を常に忘れないでおくことが、彼の言う「ドイツの悲惨な歴史を記憶する新たな形式」なのかもしれない。

アウシュヴィッツの悲劇が教えてくれるのは、どんな人間であっても、社会システムやその時代の精神によって殺されることは認められない、ということである。どれだけ社会が発展しようとも、その社会から取り残される人やその社会から迫害される人は存在し続ける。

赤ちゃんポストを批判する人たちは、「赤ちゃんポストでは、妊婦の安全な出産を助けられない」ということで、赤ちゃんポストを否認する。たしかに、医療機関外の場所で独りで出産することはあまりにも危険であり、容認することは難しい。

しかし、その安全であるはずの医療機関やその医師や看護師らを恐れ、公的に支援されることに強い不信を抱き、社会から孤立する女性がいることもまた事実なのである。

「誰にも相談できなかった」という人の中に、そういう不信感や不安を抱いている人がいる。

そうでなければ、とりあえずであっても、医療機関や行政機関に相談に行くはずである。公的支援への不信や不安については、日本ではほとんど扱われていない——このこともまた日本国内の大きな問題と言えるだろう——。

ドイツの支援者たちは、口をそろえて、「病院や児童相談所は、敷居が高い」、と言う。第3章で登場するシスター・モニカも、繰り返し、「お役所的ではない仕方で」、と言っている（180頁参照）。

こうした公的支援への不信や不安がある限り、赤ちゃんポストの存在意義はある、とシュテルニパルクは確信している。つまり、赤ちゃんポストの是非は、単に生命の尊重か、それとも出自を知る権利か、という対立に留まらず、「不安や恐れを感じる公的支援か、それとも安心できる私的支援か」という対立も含んでいるのである。

思い返せば、日本の赤ちゃんポストも、民間のローカルな病院によって運営されている。個々の人間の〈生〉にかかわる制度やシステムをどう考えるか。それらは、どうあるべきで、どうあってはならないのか。そのために、公的機関と民間団体はどうかかわっていけばよいのか。そうした哲学的、倫理的、思想的、政治的な対立をも含んでいるのが、赤ちゃんポストであると言えるだろう。

この一連の問題は、生—政治（bio-politics）の問題であるとも言えるだろう。

預けられた赤ちゃんの3人にひとりが実親のもとへ無事に戻っている

赤ちゃんポストの設置から15年が過ぎ、今では、赤ちゃんポストは、実数として100か所に達している。中には、閉鎖されてしまった赤ちゃんポストもあるが、確認できる限り、これだけの赤ちゃんポスト

**シュテルニパルクの赤ちゃんポストに
預けられた赤ちゃんのその後 (2000-2014)**

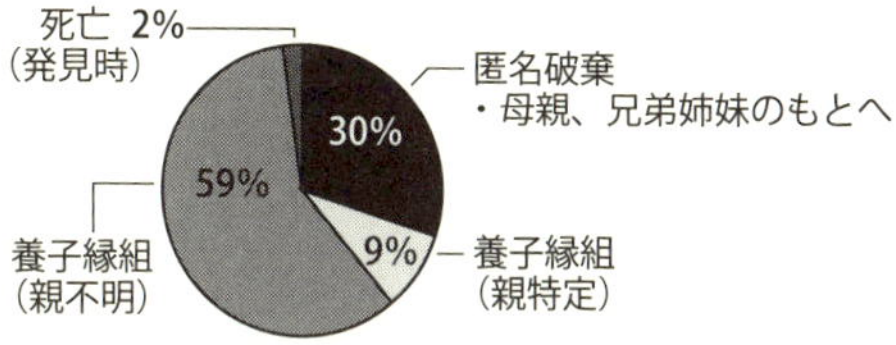

（資料：シュテルニパルクのデータより）

がドイツ全土に作られたのである。

これまでのところ、推定で４００人以上の赤ちゃんが預けられている。赤ちゃんポストと同時に始められた匿名出産を併せると、実におよそ１１００人の赤ちゃんのいのちが救われている。

シュテルニパルクに預け入れられた赤ちゃんは次のとおりである。

２０００年から２０１４年末までの間に、シュテルニパルクが運営する３つの赤ちゃんポストには、46名の赤ちゃんが預け入れられている。注目すべきは、およそ３人にひとりの赤ちゃんがその後実母の下に戻っている、という点である。

シュテルニパルクも、この点を重視している。

ライラも、「緊急下の女性たちは、一時的にパニックに陥っているだけなのです。一度、赤ちゃんを預けた後に、冷静さを取り戻し、状況が改善さえすれば、彼女たちは私たちに連絡を入れてきます。そのために、私たちは新聞に記事を載せて、母親たちに呼びかけています」と語る。

「こんなおひさまが赤ちゃんポストにいた」
シュテルニパルクが掲載した新聞記事

従来のサービスでは対応できない「反行政的な判断」に基づく新たな試み

この数年、ドイツでは、赤ちゃんポストと匿名出産を今後どうするのかについての活発な議論が行われている。

その一つが、次章の主要テーマとなる「内密出産（Vertrauliche Geburt）」との関連である。ドイツ国内の赤ちゃんポストに批判的な立場の人は、「赤ちゃんポストの代わりに内密出産を！」というスローガンを掲げている。

内密出産は、子どもが16歳を迎える日まで、親の名前を匿名にするという条件で、医療機関で内密に赤ちゃんを出産するもので、生まれた赤ちゃんは、すぐに養父母や里親の下に届けられることになる（詳しくは129頁参照）。

この内密出産は、完全に匿名のままで、母子が切り離されてしまう匿名出産に代わる新たな方法として考え出され、2013年に法制化され、2014年に施行された。

今後、ドイツでは、主にこの内密出産を要として、名前のない妊婦の支援を行うことになる。それでもなお、赤ちゃんポストと匿名出産は、最終的な一つの選択肢として残っている。内密出産法制定以後、赤ちゃんポストのニーズは高まるのか、低下するのか。匿名出産と内密出産のどちらが、当の女性たちに必要とされるのか。その答えはまだ分からない。いずれにせよ、シュテルニパルクは、今後も赤ちゃんポストを存続させようとしている。その意志の強さはどこからきているのだろうか。

ルーフェナッハは、私との対話の中で、こう言っていた。

他の赤ちゃんポスト設置団体は、赤ちゃんが預けられると、すぐに警察に連絡を入れます。けれど、シュテルニパルクは、警察やその他の機関に通報することはしません。児童相談所にのみ連絡をします。警察は預けられた赤ちゃんの母親や父親を探ろうとします。私たちは、匿名性を約束しています。ゆえに、そうした機関に通報することは、匿名性を守るという信頼を失わせる結果になってしまいます。その代りに、私たちは、赤ちゃんポストに赤ちゃんが預け入れられたら、新聞記事を通じて、『ママ、連絡して!』と呼びかけます。実際に、二人の母親から連絡がありました。なので、隠すわけではありません。

このルーフェナッハの言葉に、シュテルニパルクの揺るぎない信念を読み取ることができるだろう。シュテルニパルクは、いわゆる従来の「行政的支援」に対して批判的で懐疑的な団体である。

そもそも、この団体は、教育思想においても、「批判的教育学」や「反権威主義的教育学」の理論の影響を強く受けており、自律的で開放的な教育実践をずっと追い求めてきた進歩主義的な団体であった。

彼らは、世の中の批判を覚悟の上で、法的なグレーゾーンであるにもかかわらず、赤ちゃんポスト設置に踏み切ったが、それは、「従来の行政サービスでは対応できない」という反行政的な判断に基づく、新たな試みだったのである。

ゆえに、彼らは、ドイツの児童相談所「ユーゲントアムト（Jugendamt）」に対しても厳しい目を向けている。そして、行政機関の力を借りず、自分たちが新たな母子支援の枠組みを作り上げていこうとしている。これもまた、ユルゲンもたびたび用いる「制度への長征」という言葉の一つの実践と言えるだろう。彼らには、自分たちが自ら、長い時間をかけて制度をつくりかえていこうという自律的な意志がある。

ルーフェナッハは、「児童相談所は、日々、実に様々な業務を担っています。そのため、母子の支援だけに特化することができないのです。しかし、私たちは母子の支援に特化することができます。そして、事実、そうしています」と語る。

この言葉から、日本の児童相談所と同じように、ドイツの児童相談所の業務内容も多岐にわたっており、母子の支援にまで手が届いていないということが窺えるだろう。

第２節 匿名出産から内密出産へ

匿名出産と妊娠葛藤相談所

シュテルニパルクは、赤ちゃんポストを創設しただけではない。それだけではなく、ドイツ国内で初めて「匿名出産」を行った団体でもあった。

日本ではまだ馴染みのない言葉だが、この匿名出産も、名前のない母子のために、より厳密に言えば、緊急下の妊婦とその胎児のために実施される救援手段の一つであった。

「駆け込み出産」、あるいは「飛び込み出産」という言葉を聞いたことはあるだろうか。

これは、出産直前になって突然医療機関に現れる妊婦の出産を指す。一度も定期健診を受けていない妊婦が、出産直前に突然医療機関に駆け込んできて、そこで出産するのである。

こうした妊婦は、母子手帳をもっておらず、また担当医もいないことから、医療機関の方から受け入れ拒否されてしまうことも多い。妊婦の素性も分からず、また胎児の状態も全く分からない中で、突然見知らぬ妊婦を受け入れることのリスクを考えると、医療機関の側も、安易に「受け入れる」とは言い難いのである。

日本の駆け込み出産と未受診妊婦

通常､妊娠が分かった時､現在住んでいる市区町村の「母子健康手帳交付場所」（各役所、健康センター、保健福祉センター等）に行き、妊娠届出書を提出し、母子健康手帳を受け取る。それと同時に、地域にある医療機関に行き、定期的な妊婦健康診査を受けるようになる。妊婦にとって、どの医療機関で健診を受けるかは、大きな問題関心といえるだろう。ネット上でも、「○△病院の食事は美味しい」、「△□クリニックの先生は懇切丁寧に接してくれる」など、医療機関の情報が飛び交っている。

妊婦にとって、この「母子健康手帳」と「妊婦健診」は、必要不可欠なものと言ってよいだろう。

だが、妊婦の中には、母子健康手帳を受け取らず、また定期的な妊婦健診を受けない妊婦がいる。その理由は様々である。

●妊娠した際に、どこに何をすればよいのか、分からなかった。
●仕事が忙しくて、それどころじゃなかった。
●行政機関の人は難しい言葉で話すから、行くのが面倒だった。
●妊婦健診があることを知らなかった。
●妊婦健診に必要なお金（1 回に約 5000 円）がなかった／払えなかった／払いたくなかった。
●夫・パートナーの DV（ドメスティック・ヴァイオレンス）から逃げているため。
●望まない妊娠だったので、どうでもよいと思った。
●違法滞在者で、健診に行けなかった。
●自分が妊娠していることを誰にも知られたくなかった。

（＊米山万里枝、助産雑誌 Vol.64、医学書院、2010：398-404 等を参考に、筆者が作成した。）

なお、母子保健法の第 15 条（妊娠の届出）には、「妊娠した者は、厚生労働省令で定める事項につき、速やかに、市町村長に妊娠の届出をするようにしなければならない」とあり、妊娠に気づきながらも、これを怠った場合、母子保健法違反となる。だが、罰則規定はない。

こうした妊婦が、出産の時期を迎えた時に､「妊婦健診未受診者の飛び込み出産」が問題となる。というのも､飛び込み出産への対応は､妊婦や胎児にとって危険なだけでなく、医療者にとっても極めてリスクの高い出産となるからである。妊婦健診を受けていない以上、その妊婦と胎児の状態が全く分からないままでの出産は、データがない以上、そのリスクも高い。感染症の有無も不明である。産科合併症等の問題も生じているかもしれない。母体内の胎児がすでに亡くなっている可能性も破棄できない。後に「訴訟問題」に発展する恐れもある。母子の生命が第一優先であることは間違いないが、未受診妊婦の受け入れには高いリスクが伴うのである。

また、こうした妊婦の場合、無事に出産できたとしても、後に深刻な問題を抱えることが予想される。出産後に自ら育てることができないという理由から、乳児院等に預けられる場合もある。

さらには、医療機関外の場所で出産する妊婦もいる。自宅や車中での出産が多い。さらには、デパートやコンビニエンスストアのトイレ、ホテル、地下室、さらには人里離れた林の中などでの出産もある。母子の生死にかかわる出産を、誰もいない場所で、独りで行う恐怖はいかほどであろうか。

こうした妊婦たちのために、匿名で、つまり妊婦の名前も住所も聞かずに、医療機関で安全に出産することをめざすのが、匿名出産である。

先に、「匿名出産をドイツで初めて実施したのは、シュテルニパルクである」と述べたが、このアイデアを構想したのは、シュテルニパルクではなく、南ドイツのバイエルン州にあるアンベルクという古い町で妊娠葛藤相談を行ってきたマリア・ガイス＝ヴィットマン（Maria Geiss=Wittman）であった（柏木、2014）。

彼女は、社会福祉教育士（ソーシャルワーカー）として、長年、妊婦や子どもの相談業務を行ってきた実践者であり、その後、政界に入り、母子保健・母子福祉に関する政策に関与してきたバイエルン州の政治家でもあった。彼女は、「匿名支援の母」とも呼ばれている。

シュテルニパルクは、この彼女のアイデアを知り、匿名出産の実施を宣言した。たまたまシュテルニパルクがドイツで初めて匿名出産を実施したが、匿名出産を実施することをドイツで初めて提唱したのは、このガイス＝ヴィットマンである。

ヴィットマン氏と筆者（2014 年）

この匿名出産の実施を支援しているのは、ドイツ全土に設置されている「妊娠葛藤相談所」である。

妊娠葛藤相談所は、「刑法（StGB）」の219条「緊急下の妊婦及び葛藤下にある妊婦の相談」と、「妊娠葛藤の回避及び克服のための法律（SchKG）」で定められた相談所で、ドイツ全土に約1500か所設置されている。その運営主体は、地方自治体（Landkreise）、医療機関、キリスト教系又は非キリスト教系の民間団体など、様々である。いずれにしても、公的な承認を受けた団体が運営を行っている。また、そこでの相談は全て無料である。

この相談所では、主に望まない妊娠に端を発する妊娠葛藤や人工妊娠中絶、又は児童福祉サービス等に関する相談を受け付けている。

ドイツでは、人工妊娠中絶を行う際には、同相談所が発行する許可書が必要となる。日本では、医師と当事者の間で人工妊娠中絶を行うかどうかを決めるが、ドイツでは、それは認められていない。また近年では、「出生前診断」の結果、胎児に何

緊急下の女性が選択できる３つの方法

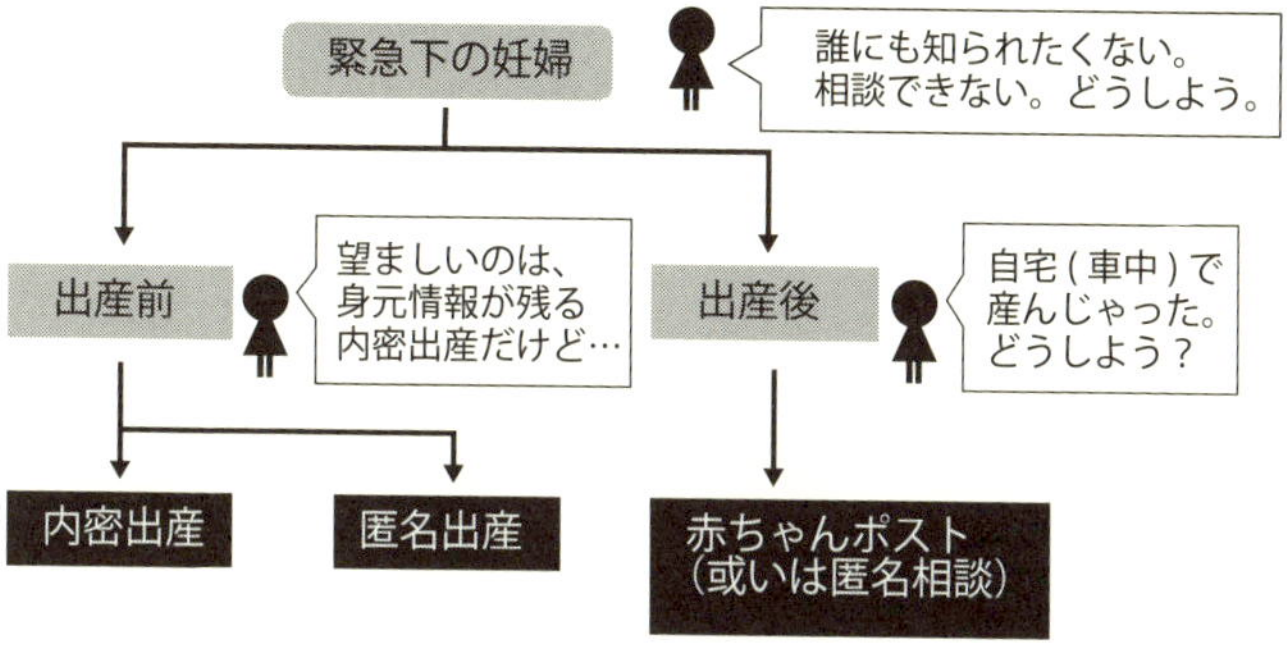

らかの障害が確認され、産むか産まないかで激しく葛藤する妊婦やその家族の相談も行っている。

そんな妊娠葛藤相談所の各専門支援員を通じて、匿名出産を希望する妊婦は、提携する医療機関で、匿名での出産を行うことになる。

匿名出産から内密出産へ

匿名出産と赤ちゃんポストの実施において最も問題視され、厳しく批判されたのが、「子どもの出自を知る権利」に関する点だった。

たとえば、赤ちゃんポストの場合、匿名で自分の子を預け入れることができるが、それゆえに、子どものいのちの危険は回避されるものの、自分の実母を生涯にわたって知ることができなくなる。自分の親についての「情報」が一切ないからであり、その手がかりも残っていないからである。

だが、赤ちゃんポストを利用する親は、匿名だからこそ、我が子を遺棄したり、殺害したりせずに、赤ちゃんポストに預けることができるのである。それは、匿名出産も同様で、自分の身元を誰にも知られずに、医療機関で安全に出産できるからこそ、多くの妊婦がこの匿名出産を利用してきたとも言えるのである。

しかし、それは同時に、自分の実親を知ることのできない子どもの数でもある――ただし、匿名出産を行ったからといって、その全ての親の身元が不明となるわけではない――。

もともと匿名出産を合法としてきたフランスは別としても、この匿名出産を実施した後に、オーストリアやチェコでは、ただちにこの匿名出産を合法化してきた。

だが、ドイツは、この匿名出産をめぐって侃侃諤諤の議論を繰り返し、その是非を徹底的に議論し、その解決の糸口を導き出そうと努力してきた。とりわけ、子どもの出自を知る権利をどのようにして守るのか、ということが議論され続けてきた。

その結果として、匿名の母子支援を行ってきた人々の間で新たに提唱されたオルタナティブ（もう一つの選択肢）が「内密出産」であった。

内密出産は、1999年に考案された匿名出産に代わる出産で、子どもが満15歳を迎えるまで、母親の身元を秘密にすることができる出産のことをいう。

現在、実際にドイツで使用されているリーフレットにある内密出産の説明をここで引用しておきたい。

自身の妊娠や自身が母親であることを隠したいと思う女性たちを支援するのが、内密出産である。内密出産法により、女性たちのための包括的な相談サービスが実現し、専門的な医療支援を受けて子どもを出産する可能性を得た。その際、母親の個人的なデータを非公表にしたいという願いは配慮され、同時に医療機関外での出産の医療的な危険は回避される。[…]自身の身元を隠したいという妊婦の願いと共に、子ども及び父親の権利も配慮される。[…]子どもは、16歳から実の母親の身元を知ることができる。もし母親が自分の身元が明かされることで不利益が発生するならば、そのデータは、この期間を超えても保護されることになる。

ドイツ連邦家族・高齢者・女性・青少年省作成リーフレットより

この文章を執筆したのは、国家行政機関の一つである「家族・高齢者・女性・青少年省」（＊日本でいう「厚生労働省」とも「文部科学省」とも異なる）である。

この内密出産を法的に定めた「内密出産法」（正式名称「妊婦に対する支援の整備と内密出産の規制に関する法律（SchwHiAusbauG：Gesetz zum Ausbau der Hilfen für Schwangere und zur Regelung der vertraulichen Geburt）」は、2013年9月3日に公布され、2014年5月1日に施行された──なお、この「内密出産」は、「秘密出産」と訳されることもあるが、ドイツ語のvertraulichの語感を重視し、「内密」と訳することにする。

現在、ドイツでは、内密出産、匿名出産、赤ちゃんポストという三つの選択肢が用意されている。妊婦が内密出産を望まない場合、今後も匿名出産は実施可能であり、また、赤ちゃんポストも存続している。今後、これらの利用状況を精査し、どの道が緊急下の女性たちにとって最善なのかを見極めていくことになる。

日本では極めて困難である、内密出産法をドイツで施行

この新たな法律の最大の特徴は、以下の5点である。

①内密出産に関する相談を担う相談所の支援内容を規定し、その具体的な支援のプロセスや流れを明文化した点。

どのような手続きを経て内密出産を行い、その後どのような手続きをとり、どのように母親の身元に関する情報を保管し、どのようにして子どもにその情報を提供するのかを法文で示した。

②内密出産を実施する上で必要な基盤を法的に認めている点。

内密出産は、当事者である母子、その支援者・支援団体、医療機関、地方自治体、連邦政府、中央官庁（家族・市民社会任務連邦庁）、家庭裁判所など、様々な機関や団体が連動するかたちで行われる。それらの機関や団体に対して、どのような行政上の権限があり、どのような役割を果たすべきなのかを明確に法文化した。

③出自証明に関する法的基準を設けた点。

相談所は、本法に基づき、母親の身元に関する情報や子どもの生年月日・出生地に関する情報等を文書化する――この相談所の多くが妊娠葛藤相談も同時に行っている――。それが、「出自証明書（Nachweis für die Herkunft）」である。この証明書は、相談所が封をし、家族・市民社会任務連邦庁に送付し、そこで16年保管されることになる。子どもが満16歳になった時、その子どもには、この出自証明書を閲覧する権利が与えられる。つまり、実親（母親）の身元、自分の生年月日等の情報を知ることができるのである。ただし、母親がその閲覧によって何らかの不利益が生じる場合には、その情報開示を差し止めることもできる。

④上述した内容を全て合法化するために、七つの法律を改定している点。

本法は十条の条文で成り立っている法律だが、その第一条（国籍法の改正）から第七条（妊娠葛藤法の改定）まで、その全てがそれぞれの法律の改定に関する条文になっている。内密出産を行う上で問題となる法律の細かい改定がねらいである。中でも、第七条の妊娠葛藤法には大幅な加筆、修正が加えられており、新たに第六部（第二十五条から第三十四条）が設けられている。注目すべきは、本法のほとんど（四分の三以上）がこの第六部の内容の明記となっている点である。

⑤本法の効果についての評価を三年にわたって行うことを明記している点。

この法律自体が、一つの大きな「社会実験」の性質をもつ。本法第八条において、「連邦政府は、本法施行後3年間、本法に基づいて示された全ての処遇と支援提供の効果についての報告を公表する」と記されている。

以上の5点が、「妊婦のための支援の拡充と内密出産の規制に関する法律」の主な特徴となっている。内密出産を合法的に実施するためには、あらゆる法律の総点検を行う必要があった。そのために、ドイツでは何年にもわたって議論を繰り返し、どの法律をどう変えれば、妊婦とその子どもにとって最善の利益になるのかを問い続けたのである。

蓮田も、この匿名出産と内密出産については周知しており、これを実施することは望ましいと考えているが、法律上の複雑な問題も関係するため、現時点でこれを日本で実施することは極めて困難であるという。

この法律では、赤ちゃんポストという言葉は一切使われていない。「赤ちゃんポストは法で禁じるべきだ」という意見も多く、法的に禁止しようとする動きもあったが、それは、阻止されたことになる。連邦国と

国が新たに設けた匿名相談・支援の検索サイト

しても、赤ちゃんポストの一定の役割を認めた結果と言うこともできるだろう。その背後には、シュテルニパルクやアガペーの家など、長年赤ちゃんポストを支えてきた人々の見えない努力があった。なお、本法には、匿名出産という言葉も出てこない。「匿名支援（anonyme Beratung）」という言葉は頻繁に使われているが、匿名出産については一切触れていない。

また、本法の制定と共に、家族・高齢者・女性・青少年省が、新たに、ドイツ全土を包括する内密出産情報を提供する公式サイトを立ち上げた（www.geburt-vertraulich.de.）。

これは、画期的なことである。国の行政機関である中央省庁が、孤立無援の妊婦や母子のために、匿名の支援の呼びかけを行うウェブ・サイトを開設したのである。しかも、そのアクセントは、明らかに、緊急下の妊婦に置かれている。つまり、実数としてはそれほど多くはない緊急下の妊婦のために作られたのである。

日本でも、赤ちゃんポスト「こうのとりのゆりかご」はたびたび話題になるが、匿名支援、匿名出産、内密出産、妊娠葛藤相談などについては、法のみならず、社会的にもほとんど話題にならない。「望まない妊娠」によって毎年20万以上の人工妊娠中絶が行われており、また年に100人ほどの赤ちゃんが生後すぐから数年以内に、主に母親によって殺害されているにもかかわらず、である。

内密出産法の内容について

ここで、内密出産法の概要を示しておきたい。日本で実現可能なのかどうかはともかく、赤ちゃんポストに象徴される名前のない母子のために、いったいどのような法律がつくられたのだろうか。

第一条では、内密出産で生まれる赤ちゃんの「国籍」について述べられており、国籍法第4条第2項に基づいて、内密出産で生まれた赤ちゃんは「ドイツ人国籍」を取得できることが明記された。

第二条と第三条は、赤ちゃんの「出生届」についてである。

第二条では、住民登録をする際に、母親がきちんと出自証明の手続きを行うことを明記しており、また、相談機関と医療機関の双方が出生届を提出する必要性についても示している。

妊婦のための支援の拡充と内密出産の規制に関する法律（SchwHiAusbauG）

条項		原文
第一条	国籍法の改定	Änderung des Staatsangehörigkeitsgesetzes
第二条	連邦住民登録法の改定	Änderung des Melderechtsrahmengesetzes
第三条	戸籍法（PStG）の改定	Änderung des Personenstandsgesetzes
第四条	戸籍身分通達（PStV）の改定	Änderung der Personenstandsverordnung
第五条	家庭事件及び非訟事件の手続に関する法律（FamFG）の改定	Änderung des Gesetzes über das Verfahren in Familiensachen und in den Angelegenheiten der freiwilligen Gerichtsbarkeit
第六条	民法典（BGB）の改定	Änderung des Bürgerlichen Gesetzbuchs
第七条	妊娠葛藤法の改定	Änderung des Schwangerschaftskonfliktgesetzes
第八条	評価	Evaluierung
第九条	発布許可	Bekanntmachungserlaubnis
第十条	施行と失効	Inkrafttreten, Außerkrafttreten

第三条では、内密出産で赤ちゃんを出産した場合、出生届に母親のペンネーム（Pseudonym）と母親が希望する子どもの名前を書くことができるとしている。なお、この届け出の後であっても、養子縁組の手続きが完了するまでの間であれば、赤ちゃんを引き取ることは可能である。

第四条と第五条は、「戸籍」に関する行政上手続きについてである。出生に関する情報を扱う自治体の戸籍課は、内密出産で生まれた子どもが問題となる時には、家庭裁判所にその子どもが内密出産で生まれた子であるということを伝えなければならない。対象となる法律は、戸籍身分通達（PStV）と家庭事件及び非訟事件の手続に関する法律（FamFG）である。

以上、第一条から第五条までは、出産後に発生することが予想される行政手続き上の矛盾や問題を解消するための法改正となっている。

第六条は、民法典で規定されている母親の「養育」、「親権」、「扶養」についてである。ここでいう養育(Sorge)は、日本の民法で用いられている「子の監護及び教育」という言葉に近い。ここでは、民法の改定を通じて、内密出産によって生まれた子どもの扶養義務・養育権は、実母には発生しないということ、ただし、その後に実母が子を引き取ることを決意した場合には、その義務や権利が再度発生するということが明記されている。なお、出生証明の手続きが完了するまでの間は、母親の身元は不明と表記される。

第七条が本法の主要部分である。

ここで、「妊娠葛藤法(Schwangerschaftskonfliktgesetz)」の大幅な改定が行われている。金澤文雄によれば、この法律は当初、「十八箇条にわたって」の法律であった(金澤、「妊娠葛藤相談制度の導入への提言――ドイツの「妊婦と家族援助改正法」を参考にして――」)。だが、今回の法改正により、妊娠葛藤法は、全三十四カ条となる。

まず、この第七条の1、2で、これまでの妊娠葛藤法の第一条と第二条の加筆が加えられ、「匿名相談」、「内密出産」、「全国中央ホットライン」に法的根拠が与えられた。

また、妊婦の「匿名性の断念(die Aufgabe der Anonymität)」が明確化され、妊娠葛藤相談も、妊婦の身元を限定的に明らかにした上で、母子双方の安全を保障することをめざす。

以上の変更を踏まえた上で、妊娠葛藤法に、新たな第六部「内密出産」(第二十五条～第三十四条)が付け加えられている。

この第六部の加筆条文について、概観しておこう。

第二十五条は、内密出産に関する相談の内容とそのねらいについてである。内密出産についての相談のねらいは、第一に、緊急下の妊婦に医療的に守られた出産を行ってもらうこと、そして第二に、子どもと共に生きる決心することができるように支援を行うことである。

第二十六条は、内密出産の手続きについてである。母親のペンネームと子どもの名前を記すこと、「出自証明書」を作成すること、その出自証明書に記入すべきこと、出自証明書に同封しなければいけない書類等が明記されている。内密出産においては、出自証明書を作成し、それを家族・市民社会任務連邦庁に送付しなければならない。また同庁において、この出自証明書は厳重に管理される。

第二十七条は、上述した出自証明書の取り扱いに関する規定を行っている。

第二十八条は、妊娠葛藤相談所に対して、内密出産についての専門的相談の権限を与え、そのための専門相談員の配置を認める。

第二十九条では、医療機関等の相談所への通知義務を記している。内密出産を行う場合、全ての関係者は相談所に連絡しなければならない。内密出産に関するあらゆる情報は、この妊娠葛藤相談所に集められる。

第三十条は、内密出産後の母親へのケアについてである。すなわち、出自証明書を書いた場合でも、（匿名出産を選択した結果として）出自証明書を書かなかった場合でも、引き続き母親のケアを行うこと、そして母親が出産後に子どもを引き取ることを望んだ場合には、それを支援することなどが記されている。

第三十一条と第三十二条は、出自証明書の「閲覧権」とそれにかかわる事柄についてである。

第三十二条では、内密出産で生まれた子どもが満15歳を迎えた時に、自分の出自を知る権利が与えられる、という出自証明書を閲覧する権利について明示されている。自身の出自証明書は、家族・市民社会任務連邦庁で閲覧することができる——もしその子どもが自分の出自を知りたくない場合には、閲覧しないという選択肢もある——。また、出自を知られることで母親に不利益が生じ得る場合には、その閲覧に異議申し立てする権限も母親側に与えている。また家庭裁判所におけるこの異議申し立ての手続きについても記されている。

第三十三条は、相談所における記録の義務についてである。この記録においては、母親の匿名性は守られなければならない。実名を記載せずに、相談内容を全て記録することが求められる。

第三十四条では、内密出産にかかる費用は全て連邦国が負担することが明記されている。つまり、内密出産のための費用は公的資金から捻出されるということである。それが法的に明記されたことは画期的なことであろう。

これだけの条文を新たに加えることを規定した第七条こそ、内密出産法の「柱」と言えるだろう。続く第八条では、２０１７年までの３年間、この法律で定められた内容の効果を調査し、公表することを定めており、第九条では、発布許可、第十条では、同法の施行と失効について規定されている。

内密出産は名前のない妊婦に届くのか

かくして、内密出産は、匿名出産に代わる新たな出産方法として、合法化されるに至った。とはいえ、この法が施行された後、いったいどのような方向に進んでいくのかは、まだ誰も分かっていない。法律が施行されて10か月後の２０１５年３月に、私は、アンベルクで母子支援を行っているヒルデ・フォルストから興味深い話を聴いた（フォルストについては、第３章第３節を参照）。

内密出産法の施行後、アンベルクの相談所では、2名の妊婦が内密出産を行ったそうである。だが、これとは別に、2名の妊婦が匿名出産を希望し、それを行ったというのである。

内密出産が合法化されたにもかかわらず、なぜ2名の妊婦は、内密出産ではなく、匿名出産を選んだのだろうか。

実は、後者の2名は、性的暴行を受け、その結果として妊娠していたのである。もちろんフォルストは、内密出産のことを丁寧に説明し、それを彼女たちに薦めた。だが、内密出産の場合、16年後に自分の身元が分かってしまう。もし子どもが自分を訪ねてきて、当時の性的暴行を思い出してしまったら、その心理的な負担はとても重たい。2名とも、苦渋の決断として匿名出産を選択し、それを実施したという。

この例が示すように、内密出産法が施行され、内密出産が合法化されたからといって、必ずしも妊婦たちは内密出産を選択するとは限らないのである。16年後に子どもに自分の身元が伝わるということは、人によっては恐れや不安となり得るのである。

とはいえ、内密出産が求められていないというわけではない。母子の最善の利益を考えた際には、この内密出産が大きな役割を果たすことになるだろう。たとえわずかでも母親の手がかりを残しておくことは、やはり当の子どもにとっては望ましい。

今後、この内密出産がどれほど認知され、理解されるかによって、実施件数は大きく変わってくるはずである。

ドイツの動向については、今後も注視していきたい。

第３節

赤ちゃんポストの行方

「法律が守れない」なら「守れる法律」へ。ドイツの実践者の力強さが、法を変える

こうしてドイツでは、１９９９年にアンベルクで匿名出産の構想が打ち出され、２０００年にハンブルクで赤ちゃんポストが設置された後、さまざまな議論を何度も重ねて、２０１４年に一つの「結論」を出したのである。

彼らは、フランスやオーストリアやチェコのように、匿名出産を合法化する道を選ばなかった。もちろん匿名出産の意義は十分に認めていた。赤ちゃんポストも同様で、その意義を認めつつも、その問題点を見据え、「どうしたら自身の妊娠をめぐって追いつめられた妊婦とその子を救うことができるのか」を徹底的に議論したのである。

この法の制定にいたるまでの経緯を知れば知るほど、私はドイツの人々の、とりわけ児童福祉や教育にかかわる実践者の力強さに驚かされる。

日本人は、どんな時でも、「ルールを守れ」と教えられる。法律も同様に、遵守すべきものであって、

それを「変えるべきもの」と見なす発想は（一部の人を除いて）ほとんどの人に行きわたっていない。社会福祉や教育の専門書や教科書を読んでも、法律や制度の詳しい解説こそあっても、法律上、制度上の問題点を指摘する記述はほとんど見られない。

当然、「法の遵守」は大切なことだが、それと同じくらい、「法を変える」ということも大切なことであろう。ドイツの専門家＝実践者たちは、「現法で守ることができないなら、自分たちで法を変えて守る」、という熱意と情熱に満ち溢れている。彼らには、使命感があり、それが「法改正」という理念に向かうプロセスとも重なりあっている。ドイツの専門家＝実践者たちは皆、一様に「これまで何通もの手紙を政治家たちに送った」と語る。彼らの中では、個別的な支援と社会政策への参画は、密接に結びついているのである。

だが、日本の場合、妊婦や母子を守るための法律が十分に整っていないにもかかわらず、そのことを問題視する声はほとんど聴こえてこない。人工妊娠中絶においても、日本では、医師と本人（母）とその配偶者（父）の同意だけで実施する事態が続いている。１９４８（昭和23）年に制定された「母体保護法」の中身も、心もとない内容のままである。妊娠葛藤に苦しむ妊婦や、望まない妊娠ゆえに産みたいけれど産めないという苦しみを抱える妊婦の問題を本気で考えた法文にはなっていない。

このことは、「法律は完全ではない」ということを示すよい具体例であろう。一つの小さないのちをどう守るのかという「大きな問題」であるにもかかわらず、それを詳細に規定する法律がこの国には欠けているのである。

「試行錯誤を大事にする」ドイツの精神と「自律性」に欠ける日本の課題

ここで見落としていけないのは、単に妊婦や母子を守る法律が不十分だということではなく、その不十分さを問題視し、実践者の立場から法改正を訴える人がいないという点である。すなわち、児童福祉司、ソーシャルワーカー、保育士、看護師、助産師、医師、教師、弁護士など、名前のない母子と実際にかかわり得る専門家たちの間でこうしたことが議論にならない点こそ、この国に潜む根本的な問題なのではないだろうか。

私がドイツで出会ってきた支援者は皆、各地域で一人の人間として、そして市民として、日々の個別の支援を行っている専門家＝実践者であった。

彼らは、自分たちの使命感や職業的倫理観に基づいて、現行法の不十分さを痛感し、法改正を目指して、問題を訴え続けてきた。それこそ、真の「市民」としての公的な役割をきちんと果たそうとしていた。また母親や子どもを守ることを仕事とする経験豊富な専門家だからこその説得力があり、訴えるだけの力があった。

日本の専門家たちに、そうした力はあるだろうか。まさに、このことこそが、私をこの研究に向かわせた一番の原動力であった。

ドイツの専門家＝実践者たちは力強い。これは、畢竟ドイツ市民の強さでもある。ユルゲンは、「私が大切にしているのは、市民の勇気（Zivilcourage）なのです」と、私に語ってくれた。蓮田が世間の反発にも屈せず、こうのとりのゆりかごを設置したこともまた、この市民の勇気に基づく試みであると言えるだろう。

赤ちゃんポストは、今や日本においても、市民権を得るほどの言葉になっている。だが、にもかかわらず、この問題に直接かかわっているのは、（２０１６年1月現在においては）熊本慈恵病院だけである。数えきれないほどの個々の専門家＝エキスパートがいるにもかかわらず、そうなのである。

なぜ彼らは、これほど話題になったにもかかわらず、この問題については沈黙するのだろうか。

ここに、日本の専門家＝エキスパートの育成の問題が見え隠れしているように思われる。

日本の専門家＝エキスパートたちは、基本的に世に対して声をあげない。既成の制度の枠の中で、その枠から飛び出さない仕方で、日々の業務を黙々と行っている。ゆえに、自ら考え、自らの意思で、実践のあり方そのものを自ら厳しく反省するような自律性も必要としていない。

公共の福祉に直接かかわり、また母子という人生初期の濃密な関係性にかかわる専門家＝エキスパートであっても、その現行の社会システムを疑い、反省し、改善しようという方向には向かわない。

もちろん、「何とかしなければ…」という気持ちが彼らに全くないわけではないだろう。だが、「何とかしなければ…」というのは、個別具体のケースにおいて専門家＝エキスパートとしてどう対応するか、という意味であって、自分たちがやりやすいように現行法を変える、あるいは、自分たちの仕事をよりよいものにするために法のあり方を変える、という意味ではない。

事実、日本でも１１０名以上の赤ちゃんが預け入れられているにもかかわらず、赤ちゃんポストは一つも増えていないし、妊娠葛藤相談も、匿名出産・内密出産も、話題にすらならない。名前のない母子への関心はあっても、彼女たちを支援するための「切り札」を持ち合わせていないのである。

それにひきかえ、ドイツの実践者たちは、「思い立ったら、すぐに行動！」、「とりあえずやってみよう」という精神的風土をもっており、数々の切り札を作り上げてきた。又、試行錯誤を大事にする風土があり、それゆえに、今回の法改正につながったのだろう。

数多くの赤ちゃんポスト設置者たちは口をそろえて言う。「私たちも、これは大事だと思うから、赤ちゃんポストを作ってみた」、と。中には、本当に材料や資材を自分で集めて、自己流に赤ちゃんポストを作った実践者もいた（柏木、2013）。

また、日本とは異なり、ドイツでは、児童相談所もこの問題に積極的に関与しており、中には、児童相談所の職員が自ら赤ちゃんポスト設置の提案を行った町もあった。

こうした官民双方の力強い実践の背後には、ドイツ人たちのアウシュヴィッツへの深い反省があるように思えてならない。

アドルノが指摘しているように、他律的であることが、どのような悲劇を招くのか、大きなものに盲従することでいかなる帰結を招くのか、その怖さを他の誰よりも、どの国よりも感じているのが、ドイツの市民たちであろう。このことを厳しく反省してきたからこそ、繰り返し、自律の重要性を訴えるのである。

シュテルニパルクの教育理念を見ると、そこに、自律性の文字を確認することができる。自律とは、アドルノに言わせれば、「同調しない力（Kraft zum Nicht-Mitmachen）」のことである（Adorno, 1971 : 93）。日本語には、「長いものには巻かれろ」という言葉があるが、その反対の力が、自律性である。権威ある存在に同調するのではなく、自分で考え、反省し、自分のパートナーたちと共に考え、自分たちで決断する。シュテルニパルクは、そうしたことを最も大事にしてきた。

日本でも、戦後間もないころの専門家＝実践者たちは――とりわけ教師や児童福祉従事者たちは――、ドイツ人と同じように過去の過ちを反省し、盲目的に上からの命令に従うことや他律的であることの恐ろしさを熟知していたはずである。

だが、今日の専門家＝エキスパートたちは、可能な限り個を出さず、自律的な行動を慎み、問題を起こさないよう、必死に自分自身を押し殺しているように見える。そして、それこそが、プロフェッショナルな人間だと思っているようにさえ見える。

教育の専門家＝実践者であるユルゲンと同様、医療の専門家＝実践者である蓮田も、本来の産婦人科医としての仕事だけでなく、名前のない母子という存在に光を当て、こうのとりのゆりかごを設置し、24時間の匿名電話相談を行い、その賛否を世に投げかけたが、この彼の実践にこそ、私は実践者の真の力――自律的な力――を見いだしたい。

「胎児を守る」生命尊重センターの試み

私は、先に、「日本には、妊婦や母子を守る法律が不十分だということだけではなく、その不十分さを疑問視し、専門家＝実践者の立場から法の改正を訴える人が欠けている」、と指摘した。が、この問題に社会的、政治的にかかわり続けた人や団体がなかったわけではない。この点について、述べておきたい。

本書の読者の多くは、おそらく妊婦や母子、あるいは赤ちゃんに直接かかわる医療、福祉、保健、看護、保育、教育、法など、様々な領域の専門家＝エキスパートやそれをめざす人であろう。また、読者の中には、名前のない母子の理解や支援にかかわる新たな理論を構築しようとしている研究者や、また生命倫理や法やメディアの観点から、「いのち」の問題を扱っている専門家もいるだろう。また、そうした専門的な立場にはなくとも、「赤ちゃんのために何かしたい」という想いをもった市民もいるだろう。

こうした人々が集い、「いかなるいのちも大切にし、尊重する」という思想に基づいて、行動を起こし、そうした実践を長年続けているのが、「生命尊重センター・円ブリオ基金」である。

生命尊重センターは、1984（昭和59）年に生まれた民間団体である。同センターは、この年以来、『生命尊重ニュース』を発刊し続け、実に30年にわたって、妊婦とそのお腹の中の胎児のために、草の根運動を続けている。このセンターの名誉会長は、作家遠藤周作の妻である遠藤順子であり、現代表は映画監督の千葉茂樹である。

蓮田自身、44頁で述べているように、蓮田にこうのとりのゆりかごの設置のきっかけを与えたのも、この生命尊重センターであった。また、どこよりも早く妊娠葛藤の相談に応じる「妊娠SOSほっとライン」を全国で実施したのも、このセンターであった。

この団体の活動を支えてきたのは、1982(昭和57)年に、再来日したマザー・テレサの講演を聴き、この問題を自分の使命と感じた「ごく普通の主婦たち」であった。しかも、その多くが学生時代に社会福祉や教育学を学んだ人たちであった。同センター運営委員長の中山順子は社会福祉を専攻しており、生命尊重ニュース編集長の大橋保子は特殊教育(現特別支援教育)を専攻していた。

さらに注目すべきは、この生命尊重センターが、シュテルニパルクのように、「胎児や赤ちゃんのいのちを守る」という営みと、「二度と戦争を繰り返さないための実践」をきちんとつなげて考えている、という点である。

同センターでいち早く妊娠葛藤の問題に関心を寄せてきた田口朝子は、「生命尊重センターのしおり」の中で、マザー・テレサの言葉を引用しつつ、次のように語っている。

世界平和というと戦争の対極としかイメージできなくて、私たちは非常に抽象的に使っていますが、マザーは、小さないのちを軽んじていた私たち日本人に向けて「胎児を大切にする」生命尊重にこそ真の平和があると強く訴えたのです。(…中略…)マザーの愛を大切にして、「生命尊重ニュース」をつくるときに、中絶をした女性を非難したり悲しませたりすることのないように心がけています。

この田口の言葉は、私がドイツで対話を繰り返してきた実践者たちの言葉と重なり合う。アガペーの家のガルベもまた、マザー・テレサに触発されて、母子支援を始めた人物であった（柏木、2013）。

戦争と平和という大きな問題は、一つのいのちを守るという小さな問題と密接につながっている。いや、むしろ循環関係にあると言ったほうがよいかもしれない。

いのちを奪う積極的な行いが戦争であるならば、その対概念である平和とは、いのちを守る積極的な行いを通じて実現されるものであろう。

だが、日本のみならず、世界中の人々の間で、特定の人間集団を排除しようという動きが強まっている。いや、そもそも人間は、常に誰かを敵と見なし、その敵を攻撃し続けてきた。そして、そのたびに多くの人のいのちが犠牲になってきた。

今は、インターネットを通じて、残酷な仕方で人を殺すその瞬間がリアルタイムで配信されている。特定の誰かに偏見をもち、その偏見からその誰かを非難し、罵倒し、排除する。そうした現象は、人間の歴史の中で何度も繰り返されてきた。

いのちそのものには、意味も無意味もない。決してあってはならない。なぜなら、「意味のあるいのち」を認めることも、「意味のないいのち」を認めることも、最終的には、集団虐殺（ジェノサイド）を容認することにつながってしまうからである。

それでも、人間は、いのちに何らかの意味や価値を見いだそうとしてしまう。

今日、一部の日本人の中にも、隣国の人々や日本国内にいる外国人に対して、軽蔑や嫌悪の感情を抱いている人がいる。彼らは、「ヘイトスピーチ」と呼ばれる特定の人間集団に対する排斥運動を展開し、軽蔑や嫌悪を露わにしている。その姿は、かつてドイツ人や東欧の人々がユダヤ人に対して抱いた軽蔑や嫌悪に重なる。彼らは、「ユダヤ人は不要な人間である」、「ユダヤ人を絶滅せよ」、と繰り返し唱えていた。

こうした排斥運動は、二度の世界大戦を経験した後にあっても、なお繰り返されている。もしかしたら人間という存在は、そもそも誰かを嫌悪し、排斥するようにできているのかもしれない。

同じように、望まない妊娠に悩み苦しむ女性を軽蔑し、嫌悪する人がいる。そういう人は、その女性のお腹の中にいる胎児も嫌悪する。そして、「産む気もないのに、勝手に妊娠しておいて、助けてというのはおかしい」、「汚れた女性の子どもを公的な資金で支援するのは、間違っている」と訴え、「中絶できるなら、中絶をした方がよい。そっちの方が産まれてくる赤ちゃんにとってよいだろう」と主張する。そういうことを、望まない妊娠に苦しむ自分の娘に言い出す親もいる。

そんな彼女たちに寄り添おうとする人は、実に少ない。

また、お腹の中の胎児も、まだ外界に一歩も出ていない、小さく弱い存在である。そんな胎児の尊厳を重んじ、大切にしようと、30年にわたって呼びかけ続けた生命尊重センターは、一見無関係に見えるかもしれないが、本来の意味での平和運動を続けてきた団体と言えるだろう。

すでに述べたように、シュテルニパルクも、「市民の勇気」を揚げており、人々が連帯して社会を変えることを目指していた。

生命尊重センターも、「胎児を守る」という理念を掲げ、社会のあり方を変えようとしている。法の改正を視野に入れた勉強会も積極的に行っている。それと同時に、彼らは、積極的に子どもの教育にかかわり、胎児のいのちの尊さと性の美しさを子どもたち・青少年たちに説き続けている。

先に、「専門家＝実践者の立場から法改正を訴える人がいない」と述べたが、このように、日本に全くそういう人がいないわけではないのである。

実践者を「専門家＝エキスパート」と狭義に理解せず、「専門家＝実践者」と大きな意味で捉えれば、多くの人が「胎児を守る」、「赤ちゃんを守る」、「母子を守る」という取り組みを行っているのである。それを、どのように「社会問題」として展開していくか。そして、どのようにして、具体的に立法へとつなげていくのか。ここに、日本の大きな課題が示されているように思う。

実践者とは、その本来の意味に基づけば、現実の社会や世界に関与し、その世界を創造していく人間の総称である（柏木、2015）。

さらに、考えるべき問いはいくつもある。たとえば、妊娠葛藤相談をどこで誰が行うのか、その専門家はどのような人間であるべきなのか、赤ちゃんポストは今後どのようなかたちであるべきなのか、匿名出産・内密出産は実施すべきか否か、もし実施するとすれば、それはどのようなかたちで営まれるべきか、等々である。

ドイツでは、これらの問いは、法的に解決されたと考えてよいだろう。日本は、この問題をどのように解決しようとしているのだろうか。

絶対に知られたくないという心理

「絶対に知られたくない」。

この女性たちの匿名性への希求は、ひょっとしたら内密出産の可能性を吹き飛ばしてしまうほどに強烈なのかもしれない。

自分の妊娠・出産が誰かに知られてしまうくらいなら、目の前にいる「この子」を道ずれにしても死んだ方がよいと考えてしまう女性は、確かに存在する。それは、日本でもドイツでも他の国であっても、同じことであろう。

もちろん、彼女たちも、「頭」では、「赤ちゃんを捨ててはいけない」、「赤ちゃんを殺してはいけない」、「赤ちゃんに罪はない」と、十分に分かっているはずである。

けれど、そうした倫理性は、「絶対に知られたくない」という衝動的な感情の前では、何の効力ももたない。それほど、この「知られたくない」という感情は、強烈で、人間の知性や倫理性を脅かすのである。

この衝動性の理解なしに、名前のない緊急下の女性の支援を考えることは難しい。匿名性を求める衝動的な願望は、私たちの想像を超えるほどに強烈なものである。

ドイツの支援者たちは、この衝動を理解しているのであろう。だからこそ、「内密出産が合法化されたので、もう赤ちゃんポストは要らない」という話にはならなかったし、シュテルニパルクも、「今後も赤ちゃんポストは守っていく」と言うのである。しかも、内密出産が合法化された後も、赤ちゃんポストは利用され続けている。

それにひきかえ、日本では、赤ちゃんの殺害や遺棄が起こると、必ずと言ってよいほど、「なぜ相談機関に相談しなかったのか」と、女性たちを責める。

けれど、答えはいつでも決まって、「ばれたくなかった」、「知られたくなかった」なのである。それ以上でも、それ以下でもない。そこに理屈など存在しないのである。とにかく知られたくない。知られるくらいなら、赤ちゃんを捨てもするし、殺しもする、そういうことなのだろう。

これは、虐待する親の心境にも通じることではないだろうか。

虐待する親もまた、「児童相談所に相談してしまうと、これまでやってきた虐待がばれるかもしれない。警察に捕まるかもしれない。子どもを取られてしまうかもしれない。絶対に知られたくない」、という心理が作動し、外部の人間に対して閉鎖的になっていく。隠せる限り、親たちは徹底的に隠そうとする。そして、その結果の一つとして、予期せぬ悲惨な事件が発生してしまうのである。

「相談してください」と言われて、早急に素直に相談をすることができるならば、児童相談所を全国に配置している日本では、虐待死はもはや起こっていないはずである。たとえ児童相談所の存在を知らなくても、最寄りの地方自治体に行けば、何らかの情報を得ることはできるだろう。

とすると、児童虐待においても、児童相談所の職員の対応の良し悪しが問題なのではなく、親側の「絶対に知られたくない」という心理が問題だということになる。

では、この「絶対に知られたくない」という心理は、何に由来しているのだろうか。あるいは、なぜこうした心理が生じてしまうのだろうか。

ドイツの支援者たちは、口をそろえて、「彼女たちは、行政の人間や機関の人間に対して深い不信を抱いている」と言う。そして、「児童相談所は、支援が必要な人たちにとっては恐怖を感じる場所だ」とさえ言い切る。

行政的なサービスを絶対視しやすい日本では、なかなかこのことが理解できない。日本では、決まって「病院があるのになぜ?」、「児童相談所があるのになぜ?」と問う。だが、彼女たちにとっては、病院や行政機関や児童相談所に赴くことほど、苦しいことはないのである。

私たちは、「知られたくない」、「ばれたくない」、「隠さなければならない」といった心理の背後にある、こうした公的機関や巨大組織（あるいは大きな建物）への不信や恐怖をどこまで理解しているだろうか。光の当たらない場所でひっそりと息をひそめて生きる人間にとって、こうした機関や組織がどれほど回避したい場所であるか。それは、きっと分かる人には分かることだろうし、分からない人には分からないことなのだろう。

絶対に誰にも知られたくない「秘密」、すなわち、それがばれるくらいなら死んでしまいたいというような「秘密」を隠したいという、ある意味で極めて純粋な感情が、名前のない母子の根源にあるとすれば、そのことを真面目に受け止める必要があるだろう。だからこそ、赤ちゃんポストや匿名出産においては、「匿名性」がどこまでも重視されるのだと思う。

２０１４年11月に、こうのとりのゆりかごに赤ちゃんの遺体が預け入れられるというショッキングな事件が起こった。この時、防犯カメラの設置の是非をめぐる議論が起こったが、蓮田は最後まで異議を唱えていた。それは、防犯カメラが赤ちゃんポストを通じた支援の根幹にかかわる問題だ、ということを彼自身が最も分かっていたからであろう。匿名性を重んじる赤ちゃんポストにとって、防犯カメラは、利用者の匿名性を脅かすのみならず、その利用者の特定につながりかねない。

２０００年に誕生した赤ちゃんポストは、今なお、世界各地で生き続けている。それは、きっと赤ちゃんポストが名前のない女性たちの心理に最も適合しているからなのだろう。知られたらどうしようという不安を和らげてくれ、そして、誰とも接触せずに、誰にも知られずに、赤ちゃんを置いて、そっと立ち去るだけでよい。

誰かに支援を求めれば、誰かと接することになり、その人に自分の存在が知られてしまう。人間そのものに絶望している人にとっては、たとえ実名が知られなかったとしても、他の人間は恐怖の対象であろうし、また漠とした不安を感じることだろう。なぜなら、その人は人間そのものを恐れているからである。彼女たちは、人間の最も嫌な部分や汚い部分を誰よりも感じ取っているのである。

最後の手段としての赤ちゃんポスト

すでに述べたように、２０１４年5月1日に「妊婦支援の拡充と内密出産の規定に関する法律」が施行されたが、その4日後の5月5日にベルリンで5つ目となる赤ちゃんポストが新たに開設されたことは、日本のみならず、ドイツにおいても、あまり知られていない。

　この事実を知った時、私は驚きを隠せなかった。「念願の内密出産法が施行されたばかりなのに、なぜ更に赤ちゃんポストが作られるのだろうか」、と。新法の施行と共に、赤ちゃんポストの新たな設置はなくなると思い込んでいただけに、その驚きは大きいものだった。

　この新たな赤ちゃんポストは、東ベルリン初となる赤ちゃんポストである。これで、ベルリン市内に合計五つの赤ちゃんポストが常設されたことになる。

　設置された場所は、ベルリン東部のヘラースドルフにあるヴィヴァンテ総合病院であり、設置者は、ベルリン市の議員マリオ・チャヤとヴィヴァンテ総合病院医師のアンドレア・グレーベである。

　2001年から2012年の間に、ベルリンの四つの赤ちゃんポストには、合計で47人の赤ちゃんが預け入れられている。このことから、チャヤとグレーベは、赤ちゃんポストは更に必要であると考えたようである。

　このように、ドイツの首都ベルリンでは、今なお赤ちゃんポストが求められているのである。

　内密出産が合法化されて、この問題は収束に向かうと思われた。しかし、そうではなかった。この法律が施行された後も、赤ちゃんポストを利用する人はいる。シュテルニパルクの赤ちゃんポストでは、2014年、預けられる赤ちゃんの数は増えたという。

　名前のない妊婦の「絶対に他人に知られたくない」という心理や「誰にも相談できない」という心理は、

私たちが思うよりもはるかに強い。自分の身元が少しでも知られてしまうような場所には、彼女たちは決して近づかないのである。それは、悪意ゆえではなく、「身元がばれてしまうかもしれない」という恐れや不安によるものなのであろう。

赤ちゃんポストに懐疑的な人たちは、「赤ちゃんポストの代わりに内密出産を！」というスローガンを掲げるが、名前のない妊婦の側からすれば、「内密出産の代わりに赤ちゃんポストを！」ということになるのかもしれない。

あれほど綿密に作られた内密出産法が制定されてもなお、赤ちゃんポストや匿名出産でなければ救えない母子がいるのである。

ふと、我に立ち返る。

名前のない妊婦たちは、きっと私たちの「常識」では決して捉えることのできない他者なのだろう。そんな他者である彼女たちの置かれている状況は、私たちのあらゆる想定を超えており、また、緊急事態下にあり、一刻を争う。

今なお、赤ちゃんポストを置き続けていることの意味は、まさにそうした匿名の他者に留まろうとする妊婦や母親に対して、「逃げ道」を用意しておく、ということなのかもしれない。ドイツでは、赤ちゃんポストのことを「最後の手段（Der letzte Ausweg）」と呼んでいる。

この最後の手段となる逃げ道を、いつでも人々のために用意しておくことこそが、赤ちゃんポストの存在理由なのだろう。

「知られたくなかった」、「ばれたくなかった」、「誰にも相談できなかった」と、赤ちゃんを遺棄し、殺害した後に逮捕される女性たちは語る。私たちは、この言葉を安易に受け止めるべきではない。この言葉の背後にあるものを、どこまでも探り、そこに人間社会の歪みを見いだし、変革していく必要がある。

人間というのは、秘密をもつ存在であり、誰にも知られたくない秘密を抱える存在である。そして、それゆえに、人間は独りで苦悩するのであろう。

その一方で、そうした人間存在に光をあてて、なんとか寄り添おうとするのも、また人間的な営みであり、そこに、私は一筋の希望を感じ取るのである。

結語

私たちの人生は、ほんの些細なことで上向くこともあれば、どん底まで突き落とされることがある。一人の人間と出会うことで、自分の可能性が一挙に広がったり、自分の人生が予期せぬよい方向へがらりと変わったりする一方で、その出会いによって、人生が崩壊し、最悪な方に向かってしまうこともある。人との出会いは、素晴らしい一面をもつ一方で、恐ろしい一面をもつ。

特に若い女性は、何気なく出会った男性によって、人生を狂わせることが多々ある。DV（ドメスティック・バイオレンス）の被害に怯え苦しむ女性の姿が脳裏に浮かぶ。

男性に悪意があるかどうかは別にしても、いつの時代も、女性には男性が集まってくる。

男性は、その女性を「手に入れよう」と、あの手この手を使って、誘惑する。甘くて優しい言葉を囁き、貢げるものを貢ぎ、自分の魅力をアピールし、女性の心の中に入り込もうとする。

その男性がどんな人間なのかを的確に見抜くことは難しい。神ではない人間に、人間の良し悪しを見抜くことなどそもそも不可能であろう。

無論、この点は、男性側にも通じる話である。

だが、「妊娠」となると、それは、女性に固有の問題であり、女性だけしか経験できないことである。女性は、そもそも身体的に妊娠から逃れることができないし、なかったことにすることもできない。

おそらく、多くの人がこう思うだろう。「男女間の情愛は、動物的な本能なのだから、よいではないか。そして、望まなくとも妊娠したなら、結婚して、しっかりと産めばよいのだ」、と。あるいは、「育てられないなら、人工妊娠中絶をすればよいではないか」、と。

第三者からすれば、そうなのだろう。

しかし、妊娠した当の本人としては、この問題をそう単純に割り切ることなどできないのである。お腹の中には、新しいいのちが確かに芽吹いている。そして、そのいのちと共に生きているのである。だからこそ、激しく葛藤する。それが、本章でも述べた「妊娠葛藤」である。

相手の男性がまともな人物で、その妊娠にしっかりと向き合ってくれさえすれば、その葛藤はやがて消える。ほとんどの場合、そうであろう。

だが、一部には、その相手がまともに女性の妊娠に向き合わず、逃げるかのように姿をくらましてしまうこともあるのである。その場合、妊婦の葛藤はさらに肥大化する。

予期せぬ自身の妊娠に狼狽し、それをごまかし、隠し、なかったことにしようとすることも多々ある。逃れることはできないと頭で分かっていたとしても、自身の妊娠を、いわば無意識的にはぐらかすのである。未受診妊婦たちは、口をそろえて、「出産直前まで、妊娠に気づかなかった」と語る。きっと本人の中では、本当に気づかなかったのだろう。気づかないようにしようとして、気づかなかったのであろう。

それは、妊娠に限った話ではない。

人間は、追いつめられて、どん底に突き落とされれば、そうしてしまうものなのである。それは、キューブラー・ロスのいう「否認（denial）」に通じるものかもしれない（Kübler=Ross,1969=1997）。

このような時に、私たちは、その人間を責めたり、責任を追及したりすることはできるのだろうか。その人に、その責任を求めることは、正当なことなのだろうか。こと、妊娠のこととなれば、男女双方の責任となるはずである。

しかし、現実には、社会的にも文化的にも、女性の責任に帰されることになる。その「免責」として唯一残されているのが、人工妊娠中絶なのかもしれない。

そうした女性たちのために、何かすることはできないだろうか。

本書で取り上げている支援者たちの根底に流れるのは、そうした女性や胎児・赤ちゃんへの見えない圧力に抗し、社会全体で、妊娠した女性とその胎児、そして、出産した母親とその赤ちゃんを支援し、その責任を共に負っていこうという思想である。

私たちは、不完全な人間である以上、セーフティーネットから零れ落ち、どん底に落ちる可能性を常にもっている。その責任を単純に「個」に帰すことは難しい。

どん底に突き落とされた時、私たちにはいったい何ができるのだろうか。また、何を当てにし、何を支えにして、その苦境を乗り越えればよいのだろうか。これは、私たち皆が突きつけられている問いであると言っても過言ではない。

赤ちゃんポストの問題をはじめ、胎児、赤ちゃん、子どものいのちにかかわるあらゆる具体的な問題に対しては、政治的にも、実践的にも、また学問的にも、まだまだ十分とは言えない。理念として「国民の生命を守る」と叫ばれる一方で、現実として一人の人間のいのちを守る取り組みの内実はとてもか細いものになっている。

その具体例の一つに、海外から厳しく非難されている日本の児童福祉の実態がある。海外では、今や里親や養父母による家庭的養護が中心となっているのに対し、日本では、施設養護が中心となっており、子どもが成長する上で必要不可欠な愛情を特定の他者から十分に受けられる環境づくりは、今なお十分に進んでいるとは言えない。

また、毎年何万もの人工妊娠中絶が、いわば合法と違法の境界線上で行われ続けている。そして、本書でも示されているように、この8年で112人もの赤ちゃんがこうのとりのゆりかごに預け入れられているし、また、赤ちゃんの遺棄、殺害、虐待もやはり繰り返されている。

それにもかかわらず、日本では、本章で述べた「匿名出産」や「内密出産」に関する議論の素地すら描けていない。

赤ちゃんの遺棄、殺害、虐待等は、赤ちゃんのいのちにかかわる人類史的な課題である。どの時代においても、常に「母親」が責められ、処罰される対象となってきた事実もある。

だが、幼児の教育や保育の礎を築いたペスタロッチが1783年に叫んでいたように、子どもを捨てたり、殺したりする母親は、昔も今も、われわれが想像できないほどに「絶望」しており、喫緊に保護しなければならない対象なのである（Pestalozzi, 1783=1996）。

望まない妊娠にはじまる緊急下の母と子の問題は、古くて新しい問題である。だからこそ、私たちも、しっかりとこの問題を受け継ぎ、そして、未来の人たちに伝えていかなければならない。

私たちは皆、幸いにも、無事、母の胎内からこの世に生まれてこられた存在なのだから…。

第3章　ドイツの母子支援の実践者たち

柏木恭典（訳編）

序節
ドイツの実践者からの提言

ドイツの実践者たちは皆、とても力強い。そして、どこまでも自律的であろうとしている。これを単に日本と欧州の文化的な違いと捉えるのは、いささか乱暴であろう。

ドイツにおいても、赤ちゃんポストや匿名出産に対しては、厳しい批判が起こった。それでも、母子の福祉を願う実践者たちの並ならぬ努力によって、15年間、なんとか持ちこたえることができたのである。中には、批判を受け、閉鎖された赤ちゃんポストもある。赤ちゃんポストを維持することは、困難なことであった。

そこで、本章では、ドイツの母子支援にかかわる実践者たちに焦点を当てて、ドイツ人の目線から、これまでドイツで行われてきた赤ちゃんポストや匿名支援の現状とその課題について考えていくことにしたい。

第1節は、シュテルニパルクの主任研究員であり、私の同志ともいえるシュテファニー・ヴォルペルト氏の寄稿文である。タイトルは、「ドイツの赤ちゃんポストと匿名出産を振り返る——その過去、現在、未来——『捨て子プロジェクト』の事例に基づいて」である。現在のドイツにおける赤ちゃんポストと匿名支援の現状について分かりやすくまとめてくれているので、これを一読するだけで、現在のドイツの赤ちゃんポストの状況がよく分かるだろう。

第２節では、匿名の母子支援のパイオニアであるベルリンの『デボラの家』のシスター・モニカ・ヘッセ氏である。彼女は、熱のこもったエッセイを本書のために書き下ろしてくれた。自伝風のエッセイとなっている。彼女は、ドイツでいち早く、名前のない母子のために「匿名の母子支援」を行ったパイオニア的存在であり、後の匿名出産や赤ちゃんポストの土台となる基礎を築き上げたシスターである。

第３節は、匿名出産というアイデアをドイツで初めて提唱したアンベルクのマリア・ガイス＝ヴィットマンの後任者であるヒルデ・フォルスト氏へのインタビューを基にした文章である。彼女は、実際にドイツで匿名出産と内密出産に関する相談や同伴を行っている実践者である。本書では、妊娠葛藤相談について、日本の読者に分かるように簡潔に説明してくれている。

彼女たちの言葉から、赤ちゃんポストを含む匿名の母子支援のあり方を考えていきたい。

第1節
ドイツの赤ちゃんポストと匿名出産を振り返る
——その過去、現在、未来——「捨て子プロジェクト」の事例に基づいて

シュテファニー・ヴォルペルト（シュテルニパルク）

当時の状況

すべての妊婦が自身の妊娠を喜ぶわけではない。また、その妊婦のすべてが人工妊娠中絶を行うわけではない。1999年の「捨て子プロジェクト」を開始する前、ハンブルクでは、毎年、数人の新生児が死んで発見されていた。だが、2000年以降、ハンブルクでは、もはや児童遺棄は一度も起こっていない。この10年間に、惜しくも死んで発見された新生児の数は、これまでのデータと比べても、極めて少なくなっている。

当の女性たちがそういうことをしてしまう理由は、経済的な心配、性的暴力、あるいは、先行き不安など、実にさまざまである。シュテルニパルクが支援してきた多くの妊婦たちは、捨て子プロジェクトとのコンタクトを取るまで、自身の妊娠を隠している。また、同プロジェクトとコンタクトを取るまで、その

多くの女性が、医療的な健診（Behandlung）を受けていなかった。

ドイツでの議論について――その過去と現状

この数年、匿名出産、内密出産、赤ちゃんポストについての活発な公的な議論が交わされてきた。ドイツ倫理評議会（Der Deutsche Ethikrat）は、この問題を総括し、２００９年11月26日に、『匿名での子どもの預け入れの問題（Das Probrem der anonymen Kindsabgabe）』という報告書を公表し、その見解を示した。同評議会は、その中で、現在設置されている赤ちゃんポストと匿名出産を断念することを推奨した。中には、少数派の意見として、この推奨に反対する声もあった（26人中６名）。政界の人々は、この推奨に対しては、色々な受け取り方を示した。

その後、連邦家庭・高齢者・女性・青少年省（Das Bundesministerium für Familie, Senioren, Frauen und Jugend）が、赤ちゃんポストと匿名出産に対する研究をドイツ青少年研究所（Deutsches Jugendinstitut）に委任し、同研究所がその研究を行った。そして、２０１２年に、その研究成果が公表された。題目は、「ドイツにおける匿名出産と赤ちゃんポスト――ケース数、支援提供、文脈について――」であった。この研究報告書のために、同研究所の共同研究者たちは、５９１の児童相談所と、３４４の赤ちゃんポスト設置者と匿名出産の実施者たちに、実際に行っている実践とその利用の頻度について質問した。

この研究で分かったことは、赤ちゃんポストと匿名出産のためにも、法的規制が必要である、ということだった。それを受けて、連邦政府は、法改正を行うことを決めた。

法的な前提条件について――2014年5月以前とそれ以降

2014年5月1日、ドイツに内密相談とそれを導入するために、いくつかの法律が改正された。また、その結果として、全国共通緊急電話サービス及びウェブ上のホームページ（web site）も設けられた。

この新たな立法によって、妊娠中の女性たちにとってより敷居の低い支援体制を整えることができるようになった。そして、そうした女性たちのために、自身の子を――妊娠相談所の同伴を得たり、希望があれば内密にしながら――確実に医療機関や助産師の下に預けることできる可能性を得ることとなった。新たな制度では、二段階の手続きを行うことになっている。

第一の段階で、妊娠相談所が、匿名性を望む気持ちを引き起こしている心理社会的な葛藤状況の解決に向けての包括的な支援と相談を行う。

第二の段階は、内密出産に向けての相談である。もし女性が内密出産に踏み込めなかったり、その決心がつかなかったりした場合は、匿名相談や匿名での支援を行うこともまだ可能である。さらに、ドイツ連邦共和国は、緊急下の女性のための24時間利用可能なサポート電話を連邦センターに設置した。この電話は、とりわけ妊婦たちに、最寄りの相談所の場所を伝えるためのものである。

妊婦たちが望んでいるのは、自分の身元を隠すことを認めてもらえることである。だが、子どもの権利、また父親の権利も配慮されねばならない。妊婦や母親の匿名性は、十分に、長期間、守られることになるが、それに加え、彼女たちは、自分が現在抱えている問題を解決するための支援を受けることになる。当の子どもは、16歳になると、(これまで内密にされてきた)自分の肉親の身元を知ることができるようになる。しかし、もし母親が、子どもが16歳になった後に、自分の情報が開示されることによって危機に瀕するならば、母親の情報は、この期間を過ぎても、保護されることになる。つまり、秘密のままにすることも可能である。

法改正以前には、内密出産という手段はなかった。匿名出産と赤ちゃんポストは、この法改正後も可能であり、禁止されないことになっている。法的なグレーゾーンの中で、これらは実施されることになる。

捨て子プロジェクト

捨て子プロジェクトは、1999年末に民間教育団体シュテルニパルクが創めたプロジェクトである。このプロジェクトは以下の三つの構成要素で成り立っている。

ハンブルク市とシュテルニパルクの間では、この手続きに関する協定(取り決め)が交わされている。

シュテルニパルクの捨て子プロジェクト3つの構成

	主な要素
1	24時間利用可能な無料のSOSホットライン 0800-456-0789
2	出産前後の妊婦に対する匿名相談と、医療機関で匿名出産を実施する際の同伴
3	3つの赤ちゃんポスト （ハンブルクに2か所、シュレスヴィッヒ・ホルシュタインに1か所）

それぞれについて説明していこう。

①24時間無料のSOSホットライン

対象となるのは、緊急下の女性、緊急下の妊婦である。このホットラインは、24時間、ドイツ全土から、無料で利用可能である。また、まさに今、（自宅などでの）出産をしたばかりの女性も、この電話で相談することができる。この電話を通じて、彼女たちは、自身の問題状況に対して、専門的な（社会福祉教育学的な）支援を受けられる。その際、彼女たちが緊急の状況から抜け出すためにできることを、広く、多様な視点から、提案していく。さらには、この電話を通じて、彼女たちの出産に付き添うことも、また、新生児の匿名での受け渡し（anonyme Übergabe）の調整をすることもある。

②匿名出産

もし妊娠中の女性が捨て子プロジェクトに電話で問い合わせをしてきたり、あるいは、自ら実際に相談しに来たりして、匿名出産を望むのであれば、まだ陣痛が始まっていない限り、十分な時間をかけて相談に応じ、匿名出産について詳しく説明をする。シュテルニパルクが実現したいのは、妊婦が医療機関で出産することである。そのために、最適な医療機関を選び出す。その医療機関では、女性の匿名性は守られることになる。シュテルニパルクの相談員は、出産中も、その妊婦に連れ添っている。シュテルニパルクは、出産前のみならず、出産中の同伴も、そして、出産後の女性たちの支援も行っている。また、出産後、女性たちはすぐに、しばらくの間、(シュテルニパルクが運営する)母子支援施設に入所することもできる。そこで、彼女たちは、冷静になって(おちついて)、これからのことをしっかりと考える。その際、赤ちゃんと共にそこでの時間を使うか、あるいは赤ちゃんとは離れて一人で時間を使うかを選択することもできる。ここでも、彼女たちは、専門的(社会福祉教育学的＝ソーシャルワーク的)にサポート支援を受けることになる。

もし母親が子を引き取り、共に生きていくことを望まないならば、母親の(口頭での)同意ないしは(文書での)代理願書を受け取り、シュテルニパルクがその子どもを保護することになる。その後、子どもは、信頼できる経験豊富な短期里親家族に預けられる。母親が今後に関する決断を下すまで、その家庭で子どもは生活する。とはいえ、それは8週間を超えることはない。

8週間が過ぎた後、そのまま母親が子どもを引き取りたくないと思うならば、シュテルニパルクはただちに、後見人を用意するために家庭裁判所に連絡を入れる。そして、(公的な)養子縁組仲介所(Adoptionsvermittlungsstelle)とコンタクトを取る。

母親が養子縁組を決心したならば、シュテルニパルクはその母親に対して十分な時間を取り、その後のことやこれからのこと(たとえば「開かれた養子縁組」など)について丁寧に説明し、そして助言する。逆に、もし母親が子どもと共に生きることを決心したなら、支援をしていくことになる。場合によっては、別の支援施設を紹介するし、また、私たちが運営する母子支援施設で子どもと共に暮らすことも可能である。

また、シュテルニパルクでは、匿名のまま、母親から子どもを引き取ることも行っているが、この場合、シュテルニパルクは、引き取った後、ただちに(遅くとも翌日に)子どもの引き渡し(Übergabe)を行う専門行政機関に連絡を入れ、引き取った時の状況(場所/時間)、性別、子どもの推定年齢、もし分かるのであれば、出産場所と誕生日を伝達する。また、子どもの健康状態、現在の子どもの滞在場所、さらに場合によっては、一時保護を行っている者(Sorgberechtigten)の情報も伝える。定期的に(少なくとも二週間おきに)、シュテルニパルクは、当行政機関に、子どもの滞在場所と健康状態を伝える。もし子どもに、保護者の同意が必要な医療的処置が必要となる場合は、ただちにシュテルニパルクが後見人を任命し、その同意を取ることになっている。

③赤ちゃんポスト

赤ちゃんが私たちの赤ちゃんポストに預け入れられた場合、まず屋内に設置されたアラームが鳴る。続いて、赤ちゃんポストは、(自動で) セキュリティーサービス会社 (Sicherheitsdienst) に連動する。すると、ただちにこの会社が、シュテルニパルクの支援スタッフ (Hintergurnddinst) に通知する。その後、連絡を受けた支援スタッフがすぐに (車で) 赤ちゃんポストに向かう。その間、赤ちゃんポストの扉は完全にロックされている。同時に、子ども用ベッドの上に設置されているカメラのスイッチが入る。およそ5分~10分で、支援スタッフが到着する。そして、子どもの最初の処置 (Erstversorgung) を行う。その次の段階として、小児科医による診断を実施するか、ないしは、医療機関に連れて行く。もし子どもが入院して処置を受ける必要がなければ、シュテルニパルクの二人の支援員が子どもを引き取り、経験豊富な短期里親家族の下に連れて行く。およそ4週間後に、新聞での母親への呼びかけを開始する。

もし母親から連絡が入り、子どもを再び引き取りたいと申し出た場合、まず、その人物が本当にその母親なのかどうかを確認する。その後、短期里親家族、赤ちゃん、母親が面会することになる (親睦過程：Annäherungsprozess, rapprochement)。そして、母親に対して、子どもと共に母子支援施設に入所することを提案する。

もし母親からの連絡が来ず、母親が不明のままであった場合は、匿名出産と同じ手続きを行うことになる。シュテルニパルクは、ただちに専門行政機関に連絡を入れる。８週間後に、家庭裁判所が介入し始め、養子縁組仲介所とのコンタクトを取る。

様々なデータと事実

２０１４年7月1日までの時点で、合計でおよそ４５０人の女性が、出産前、出産直前、あるいはその直後に、私たちの支援を受けている。２０１０年には34例、２０１１年には31例、２０１２年には42例、２０１３年には31例あり、２０１４年では、これまでに11例の支援を行っている。２０１３年のデータでは、一人だけが自身の匿名性を放棄せず、身元を明らかにしなかった。他の女性たちは、子どもを引き取るか、ないしは開かれた養子縁組に至るかのいずれかであった。

２０１２年初旬の私たちの評価は、次のようなものだった。当時の３６０例のうち、１８５例の子どもたちが再び母親に引き取られ、１５２例で母親の個人データが判明し、残りの23例だけが、その後も匿名のままとなった。

２０００年以降、43人の子どもが、ハンブルクにある私たちの二つの赤ちゃんポストに預け入れられた。ザトルプにある赤ちゃんポストには、これまでまだ一人も預け入れられていない。２０１０年は、３人の子どもがハンブルクの赤ちゃんポストに預け入れられた。２０１１年と２０１２年は、一人もハンブルクの赤ちゃんポストには預け入れられなかった。２０１３年は、一人の子どもが、ヴィルヘルムスブルク

（Schönenfelder Straße）の赤ちゃんポストと、アルトナー－アルトシュタット（Goethestraße）の赤ちゃんポストにそれぞれ一人ずつ預け入れられた。43人の子どもの母親のうち、14人の母親が、子どもと共に生きていく道を決心した。４人の母親が自らの身元や名前を明らかにし、子どもを養子縁組に託した。25人の母親は匿名に留まっており、今なお、母親からの連絡はない。

動機

緊急下の状況にある女性たちは救われねばならない。２０１２年、シュテルニパルクの依頼により、アレンバッハ世論調査研究所（IfD Allenbach、１９４７年にエリザベート・ノエル・ノイマンが創設した研究所）がある研究を行った。この研究では、合計１０５名の女性たちへのインタビュー（25人の直接インタビューと80人の電話インタビュー）を行っている。その内容をまとめると、次のとおりである。

女性たちの動機は、非常に個人的なものであった。まずもって、捨て子プロジェクトに電話をしてくる時期の女性たちは皆、いくつもの困難を抱えている状態にあると考えてよいだろう。だが、その問題状況は、実に様々である。

当事者となる女性の46％に、特定のパートナーがおらず、ゆえにひとり親（Alleinerziehende）であった。統計的にみると、ドイツでは、３歳以下の子どもをもつ母親の12％がひとり親であり、71％が婚姻関係にあり、17％に特定の恋人がいる。全体的には、女性たちにとっては、ひとり親であること、パートナーないしは父親のサポートの欠如、疾病、特殊な家族関係などが決定要因となっている。こうした統計から、とりわけパートナーの欠如か、ないしは、パートナーの協力があるかどうかが、決定要因であることが判明した。

当事者の女性が抱える最もよくある不安は、「私のパートナー、私の家族や親族のリアクションへの不安」であり、73％であった。続いて、「私の経済的状況がよくなかった」が61％あり、「子どもがいると、私は自分の仕事や職業教育を失ってしまうかもしれない」が38％あり、「人間関係に恵まれていなかった」が38％あり、「私のパートナーは（もはや）子どもを望んでいないことを知っていた」が33％あり、「子どもを育てるには、まだ私は若すぎる」が25％あった。

当事者の女性の51％が、出産直前に、匿名出産や赤ちゃんポストへの預け入れの決断を下している。しかも、実に全体の63％が、その女性が単独でその決断を下していたのである。

回答した女性の中で、子どもの父親に連絡を入れていたのは、39％のみであった。

今後、子どもをどうするか、そして匿名性をどうするかについて、女性たちがはっきりと決心するのは、出産後、数週間が過ぎた後である。ここで大きな役割を果たしているのが、母親感情（**Muttergefühle, maternal feelings**）である。女性たちは、出産後に、強い母親感情を高めていく。それと同時に、出産後に行う相談（カウンセリング）である。この相談を通じて、これまでとは別の決断を下すこともある。こうした相談サービスや支援サービスが貢献しているのは、「子どものために、母親が決定を下す」、ということに対してである。

今後の見通し

数年後に、ドイツでは、内密出産がどのように受け入れられているかについての評価が下されることになっている。シュテルニパルクの捨て子プロジェクトは、今後も引き続き、緊急下の妊婦たちのために、寄り添い、匿名出産、電話ホットライン、赤ちゃんポストの支援提供を続けていく。シュテルニパルクでは、これからも、妊婦たちの利益のために尽力し、そして、子どもたちの幸福やよき人生を実現することに尽力していきたい。

第2節
社会の片隅で妊娠と出産に苦しむ女性たちをみつめて

シスター・モニカ・ヘッセ

私は、1957年にかつての東ドイツ（DDR）で生まれた。そして、1977年から今に至るまで、修道女（Ordensschwester）としての道を歩み続けている。

これまでずっと、私は、社会の片隅で生きる人々（Menschen am Rande der Gesellschaft）を求めて生きてきた。寄る辺のない人や、誰も支援してくれないような人たちである。

ベルリンの壁崩壊後の1990年、私はベルリンにやってきた。そこで、私は、空腹に苦しむホームレスの人々と出会った。

こうした人々こそ支援しなければならない、と私は思った。私たちは、お役所仕事とは全く別の仕方で（unbürokratisch）、食べ物や衣服などを提供するスープの炊き出し所を設けた。そこでは、シャワーを浴びることもできたし、医師の診療を受けることもできた。そこは、彼らが人間らしく居られる唯一の場所だった。

それからしばらくして、「ドイツで、生まれたばかりの赤ちゃんを遺棄したり、さらには殺害したりする女性が増えている」、という話を耳にした。

再び、私を突き動かす内なる声が私に問いかけてきた。「この問題のために何かしなければならないのではないか」、と。

しかし、その当時、私が参考にできるような支援サービスは一つもなかったので、私は、妊娠と出産にかかわる危機的な状況下の女性たちを支援する課題に取り組む非営利の団体（Verein）を立ち上げたのである。

こうした課題は、社会的にも、政治的にも、絶対的にタブーとなるテーマであり、行政の人々も、ドイツにはそのような支援など必要ないと考えていた。ゆえに、役所や役人との交渉も困難を極めた。

それでも諦めずに交渉を続け、１９９８年に「子どもの家ひまわり（Kinderhaus Sonnenblume）」を設立することとなった。

この子どもの家ひまわりでは、妊婦や、赤ちゃんを連れた母親たちが暮らすことができた。それだけでなく、赤ちゃんをこの家に託すことができた。つまり、この家に赤ちゃんを預けて、そのまま立ち去ることもできた。

私たちは、この家で、数百人の女性たちの支援を行った。

その後、ドイツでは徐々に、多くの支援サービスが行われるようになった。赤ちゃんポストが作られ、そして、内密出産も行われるようになった。

今や、困難な状況下で苦しむ女性も、全面的に支援を受けることができる。これは、喜ばしい発展である。

２００６年以降、私たちは「デボラの家（Haus Debora）」で支援を行っている。入所型の「子どもの家ひまわり」とは異なり、今は、通所型の家庭支援を行っている。この家で、私たちは、妊婦や子どもを抱える母親のサポートを行っている。心理学的な支援も行っている。私たちを必要とする人たちがいつでもデボラの家を訪問できるよう、私たちは常にそこに居続けている。

この間、実に様々な困難な生活状況下にある人々が対話を求めてやってきた。宗教にかかわる相談も多くあった。

妊婦や母親へのサポートでは、電話での相談と同伴が重要な役割を果たしている。

そして、これまでも、これからも重要なのは、24時間いつでも連絡を取ることができる、ということである。支援を必要とする人はすべて、こうした支援を早急に、また、お役所的ではない仕方で受けたいと思っている。お役所的ではない仕方で、というのは、行政的・官僚的ではない仕方で（unbürokratisch）、という意味である。

私たちの事業は、寄付金に支えられている。ゆえに、支援を必要とする人は、私たちの支援を受ける前に、行政窓口に行き、申請書を提出する必要はない。この点が、行政サービスと異なる点である。

ドイツには、国が提供する広範囲にわたる支援サービスがある。私たちがすべきなのは、これまでも、これからも、そうした国のセーフティーネットから零れ落ち、行政の目の届かないところにいる人々の存在をみつめ続けることであろう。

ベルリン郊外にあるデボラの家（2015）

緊急下の状況にある人には、早急で、お役所的ではない支援（unbürokratische Hilfe）が必要なのである。役所から支援を受ける時には、もうすでに遅すぎる、ということが多々あるだろう。行政的な支援では、時間も手間もかかり過ぎるのである。

もっと多くの人が、他者の苦しみに目を向けて、ただただ支援するようになることを、私は望んでいる。

ひまわり子どもの家について

Verein Kinderhaus Sonnenblume e.V.
公式ホームページより
訳：柏木恭典
原文：http://www.kinderhaus-sonnenblume.de/

フェアアイン「ひまわり子どもの家（Verein Kinderhaus Sonnenblume e.V.）」は、フランシスコ会シスターのモニカのイニシアティブの下、生命を保護する（Leben zu schützen）、生活を可能にする（Leben zu ermöglichen）、人生に力を与える（zum Leben zu ermutigen）という目的で、1998年に設立されました。

新生児の遺棄や殺害がますます増えていく中、1999年に、ひまわり子どもの家が開園しました。出産の前後に絶望し、母子共に出口の見えない何百もの女性たちが、ここで愛情のある受け入れと支援（liebevolle Aufnahme und Hilfe）を見出してきました。そうこうしている間に、広く公共に開かれた議論が起こりました。そして、それと共に、この問題のタブーが取り払われていきました。これによって、女性たちはより迅速に支援を求め、その支援を受けられるようになりました。それはとても喜ばしい発展だったと思います。こうした理由から、私たちは自分たちの団体の目的を大きく広げました。

私たちは、極めて困難な人生の状況下にある人々のためにいます。たとえば、妊娠葛藤、人工妊娠中絶、人間関係上の問題、様々な別れの状況、悲しい出来事、トラウマ、病気、老い、死、などです。

妊婦の支援

私たちは、妊娠期間中、そして出産の前後に一人にさせられ、孤独を感じている／あるいはご自身の妊娠を隠している女子や女性たちのためにいます。私たちは、危機的な決定的状況、危機的な重圧のかかる状況にある女性たちに親身になって相談にのり、同伴します。

出産後も、私たちはそうした母親たちの歩む道をサポートします。私たちは、申し出があれば、母子の生活の実際の様々な面で、同伴し支援を提供します。

また、（たとえば人工妊娠中絶や養子縁組などによって）ご自身の子どもと別れてしまった女性に対しても、私たちは、その問題の克服のための対話を行います。母親たちは、この別れをしばしば感情的に負担に感じており、場合によっては何年にもわたってそのことに苦しみます。

お母さんとお父さんの支援

子どもたちとの日常生活において限界に達することで、お母さんやお父さんは、ますます危機的な状況下に陥ってしまいます。親の離別や病気や養育上の困難やトラウマ的経験や経済上の問題やその他もろもろの事柄によって引き起こされる困難な状況はよくあるものです。これらの問題が蓄積されると、強い心理的負担をひき起こします。

私たちは、重い負担のかかる生活状況下のご家族の方々のためにいます。お母さん、そして／あるいはお父さんに対して、私たちは、対話と、心理学的な同伴支援を提供します。私たちは、お父さんとお母さんの双方が、ご自身の道とその解決策を見いだすためのサポートを行います。

私たちは、日常生活におけるもろもろの問題の克服を支援します。そして、実際の課題の解決を支援します。そして、行政機関とのやり取りも支援します。これらの相談や同伴は、お役所的（unbürokratisch）ではありません。また、無料で行われます。そして、希望に応じて匿名でも対応します。

対話と魂のケア（Seelsorge）

私たちは、デボラの家（Haus Debora）で、聴いてくれる人を必要としているあらゆる人との対話を行っています。どのような生活状況にあるのかは問題ではありません。人工妊娠中絶後の苦しみ、不妊の悩み、人間関係の様々な問題、病気、大切な人を失った場合など、どのような状況であっても構いません。いつでも、辛い経験というのは、誰かにただただ言葉にして話したいと思うものです。

求める人は、ここで、キリスト教の精神性に触れられる場所を見いだすことでしょう。神の奉仕や聖書との対話や講話といったものは、その一つです。

ここにいる人々は、人生の様々な問いについて色々と意見交換をするために、いつでもこの家で会うことができます。あなたは、いつでもコンタクトを取ることができます。そして、ゲマインシャフト（共同性）と喜びを体験することができます。そして、負担が和らぎ、承認を得るでしょう。

（情報取得：２０１６年2月1日）

第3節
望まない妊娠と妊娠葛藤相談

ヒルデ・フォルスト×柏木恭典

「妊娠葛藤相談（Schwangerschaftskonfliktberatung）」とは、望まない妊娠によって「産むか、産まないか」の選択に苦しむ妊婦のために無料で行われているドイツの相談支援サービスである。

本節では、この妊娠葛藤相談の内容について、Q＆Aのインタビュー形式で明らかにしていきたい。質問に対する回答は、ドイツのバイエルン州アンベルクにある妊娠葛藤相談所「ドーヌム・ヴィテ・アンベルク（Donum Vitae Amberg）」の現代表ヒルデ・フォルスト氏のインタビューと同団体が発行している冊子を基に、編者が再構成した。

フォルスト氏の前任であるガイス＝ヴィットマン氏は、1999年にドイツで初めて「匿名出産」を提唱した人物としてよく知られている（柏木、2014）。

フォルスト氏は、長年、社会教育士（社会福祉教育専門職）として、多くの女性の専門的支援を行ってきたエキスパートである。社会教育士は、日本でいうところのソーシャルワーカーとほぼ同義だが、その学問的背景は若干異なっている。

彼女を含め同団体は、赤ちゃんポストそれ自体については認めていないが、匿名性を重視しながら、緊急下の女性と赤ちゃんの支援を徹底するという点では、シュテルニパルクと重なっている。シュテルニパルクが、赤ちゃんポストの設置と匿名出産の実施を決めた際にも、参考にしたのがこちらの団体の取り組みだった。

なお、本節の質問項目は、生命尊重センター副代表の田口朝子氏が考案したものであることをここで付記しておく。

（柏木恭典）

どういう人が相談員になっているのか？

基本的に、実践系の大学（FH）等で専門教育を受けた人が。相談員になっている。現時点では、「妊娠葛藤相談員」の国家資格・免許等はない。私たちのところでは、現在、5人の社会教育士（学士）が相談業務を行っている。その全員が女性である。また、ソーシャルワーカー、カウンセラー、助産師などが相談に応じている相談所もあり、その内実は各相談所によって様々である。

私たちは、本人の希望があれば、子どもが3歳になるまではしっかりと継続的に母子の支援を行っている。この点が、医療機関の支援と決定的に異なる点であると言えよう。

どういう団体なのか？

私たちの相談所は、公的に承認された非営利団体（e.V：eingetragener Verein）である。この「e.V」は、英語では、「registered association」と表記される（筆者注：日本語に適用させると、一般社団法人に類するものと考えてよいだろう）。

妊娠葛藤相談を行っている相談所のほとんどが、この公的に承認された民間団体（Verein＝association）に属しており、そのほとんどが非営利団体である。

運営はどこがしているのか？

私たちの相談所は、かつては、キリスト教会直属の「カトリック女性福祉協会（SkF）」が運営していた。だが、カトリック女性福祉協会は、堕胎を認めない教会本部からの批判を受け、1999年に妊娠葛藤相談事業の見直しを余儀なくされた。その際、この見直しに反発したドイツ・カトリック中央委員会（ZdK）のメンバーたちによって「ドーヌム・ヴィテ（Donum Vitae）」が設立され、運営もドーヌム・ヴィテが独自に行っている。

ゆえに、ドーヌム・ヴィテはキリスト教会直属の支援団体ではない。その点が、他の妊娠葛藤相談所と異なる点である。

現在、ドーヌム・ヴィテは、ドイツ全土で200か所以上の妊娠葛藤相談所を運営しており、最も大きな組織となっている。また、「SkF」も今なお、全国で120か所ほどの相談所を運営している。カリタス会が運営する相談所もある。

どのような機関と連携し、ネットワークをつくっているのか?

財政支援を行う財団『母子のための支援』と連携している。また、それ以外の財団とも連携している。これらの財団との連携によって、支援に必要なもろもろの費用を確保している。

もちろん医療機関との連携は必須である。私たちは、相談所から50メートルのところにある聖アンナ病院と提携しており、そこで匿名出産、内密出産を行っている。

また、ドーヌム・ヴィテ自体が大きな組織なので、その中で、たくさんのネットワークが存在している。さらに、ドーヌム・ヴィテでは、ひとり親家庭の母親、流産・死産に悲しむ女性、ドメスティック・ヴァイオレンスの被害者など、多岐にわたる支援を行っており、それぞれの支援のエキスパートとの提携も行っている。

ドイツの全国共通のホットダイヤルとはどう連携しているのか?

現在、ドイツには全国共通のホットダイヤルが整備されている。このホットダイヤルに電話で問い合わせると、妊婦の住んでいる地域内の最寄りの妊娠葛藤相談所や支援団体の連絡先を教えてもらうことができる。その際、匿名での相談が可能であることと相談は全て無料であることをきちんと説明する。

ヒルデ・フォルスト氏（後列右から３人目）と学生たち
（2015 年、筆者撮影）

また、２０１４年以降、ウェブ上でも簡単に最寄りの相談所を見つけることができるようになっている。また、それだけでなく、ネット上でのチャット相談に応じてもいる。（www.geburt-vertraulich.de）

赤ちゃんポストとの連携は？

私たちドーヌム・ヴィテは、赤ちゃんポスト設置団体との連携は考えていない。というのも、赤ちゃんポストは、医療機関外での出産が前提となってしまっており、それを認めることはできないからである。赤ちゃんポストでは、妊婦の母体の安全を守ることができない。私たちが求めているのは、出産前の妊婦とのコンタクトである。出産にはたくさんのリスクが伴う。母子双方に生命の危険が伴うのである。

現在、ドイツでは内密出産が合法となっているし、今なお匿名出産も可能である。赤ちゃんポストを利用する前の支援を徹底して行う必要があると私たちは考えている。

諸費用の負担は誰が負うのか？

相談に訪れた妊婦からは、一切費用を受け取っていない。全て無料である。その費用は国が支払うことになっている。出産費用だけに限定されてもいない。出産前の相談も、出産後のケアも、すべて無料である。ただし、当該の妊婦が出産後に匿名を破棄して、実名を明かした場合は、その妊婦の健康保険(Krankenversicherung)を適用し、出産にかかった費用を請求する。しかしそれでも、妊婦の負担は一切ない。

ドーヌム・ヴィテ・アンベルクにおける「匿名出産」の支援の流れ

女性から電話がかかってくる。

↓

女性と面会場所を取り決める。

↓

女性に付き添い、共に病院に行く（同伴）。

↓

病院で「保護誓約書（Schutzbrief)」を手渡す

↓

相談員はその女性に「引き渡すお母さんへ」という手紙を渡して、
子どもの引き渡しについての細かい説明を行う。

↓

子どもが生まれる前に、児童相談所（Jugendamt）に連絡を入れる。

↓

病院側は、戸籍局に出産申請（Geburtsmeldung）を行わない。

↓

病院側から、出生証明書（Geburtsschein）を受け取る。

↓

相談員が役所に出向き、申請を行う。

↓

児童相談所の要請を受け、出生証明書に基づいて、
養育裁判所（Betreuungsgericht）が後見人を指名する。

↓

児童相談所の仲裁により、子どもを８週間里親に託すか、
ただちに養子縁組の手続きを開始するか、を決定する。

↓

通常の養子縁組の手続きは、公的に承認された
養子縁組仲介所が実施する。

（ドーヌム・ヴィテ・アンベルク、「モーセ・プロジェクトの手引き」より）

おわりに

本書は、日本で初となる赤ちゃんポスト「こうのとりのゆりかご」を設置した熊本慈恵病院理事長の蓮田太二先生と、ドイツ語圏の赤ちゃんポストと匿名の母子支援についての研究を続けている私の共著である。

まずは、2016年1月に傘寿を迎えられた蓮田先生の言葉を一冊の本としてきちんと残すことができたことに、共著者である私は大きな喜びを感じている。

蓮田先生との出会いは、2013年、私が『赤ちゃんポストと緊急下の女性——未完の母子救済プロジェクト』を上梓する直前の冬のことだった。この書の中で、蓮田先生について詳しく触れており、それがきっかけとなって、お会いする機会を得た。

この頃からすでに、こうのとりのゆりかごの設置のみならず、蓮田先生のこれまでの生き方や考え方に強く惹かれており、蓮田先生の生きた言葉を残したいという思いが生じていた。

それもあって、拙書を出版した後も、私は何度も熊本に足を運んだ。

蓮田先生は、ご多忙の中、いつも快く私を受け入れて下さり、何時間にもわたって私との対話に応じて下さった。時には、二日にわたって10時間以上の対話を行うこともあった。本書は、そんな膨大な時間をかけて完成したものである。

まずもって、本書は、蓮田先生のご理解とご協力があって完成することができたということをここ記しておきたい。

実は、本書を執筆する以前に、ふとａｍａｚｏｎのウェブ・サイトで、「蓮田太二」を検索をしたことがあった。だが、蓮田先生名義の書物は一冊も表示されなかった。他の検索サイトでも同じ結果であった。もちろん、先生の雑誌やジャーナルの記事やインタビューは、すでに幾つも存在するし、オムニバス形式で書かれた書物の一節として書かれた文章も幾つかはある。

しかし、赤ちゃんポストを日本で初めて導入し、あれほどのセンセーションを巻き起こしたにもかかわらず、そして、本書でも詳しく触れられたが、歴史的にも極めて稀有な環境で育ったにもかかわらず、蓮田先生の生涯を描いた著書がないことは、極めて遺憾に思われた。

こうした思いもあり、こうのとりのゆりかごのことだけではなく、蓮田先生ご本人の人生の全体が見えてくるような一冊を生み出さなければならない、という思いに至ったのである。それと同時に、蓮田先生ご自身が語る人生の全体から、「なぜこうのとりのゆりかごを設置したのか」という問いの根っこを手繰り寄せたい、そう考え、ご無理を承知で協力をお願いしたのである。

本書に示されているように、蓮田先生がこうのとりのゆりかごを設置したことは、単なる思いつきや気まぐれによるものではない。そうではなく、こうのとりのゆりかごが、蓮田先生の人生そのものを表す「鏡」のようなものだったからである。蓮田先生の父善明氏と三島由紀夫の精神的な結びつきや、学生時代のセツルメント運動の話に関しては、おそらくほとんど人に知られていないことだったのではないだろうか。彼のまなざしは、こうのとりのゆりかご設置以前から、すでに社会の片隅にいる人々に向けられていた。

蓮田先生は一病院の産婦人科の医師であったが、それ以上の存在であった。

さらに、本書第3章では、幸いにもドイツで実際に名前のない母子のために尽力し続けている実践者たちの声を収めることができた。これは、長年ドイツ語圏の赤ちゃんポストを追いかけてきた私にとって、何にも代えがたいことであった。

そのきっかけは、やはりシュテルニパルクの方々との交流にあった。

本書にも登場しているシュテルニパルクの創設者であるユルゲン・モイズィッヒ氏とその実娘であり現代表のライラ・モイズィッヒ氏との対話から、ドイツで実際に赤ちゃんポストを運用している人や、名前のない母子のために尽力している人の声を、日本の方々にも届けたいという思いが湧いてきた。

そこで、シュテルニパルクの主任研究員であり、私の友人でもあるシュテファニー・ヴォルペルト氏に協力を要請することにした。その結果が、本書に収められている彼女の文章である。

なお、ヴォルペルト氏は、ハンブルク大学で犯罪学を専攻した犯罪学者であるが、実はドイツ南部の出身で、ドイツの最南端、スイスとの国境沿いにあるコンスタンツ大学に進学したいと考えていた。このコンスタンツ大学は、私が学生時代に留学していた大学ということもあり、そういう意味でも、「つながり」を感じる人物であった。

そして、匿名の母子支援のパイオニアでもあるベルリンの『デボラの家』のシスター・モニカ・ヘッセ氏も、熱のこもったエッセイを本書のために書き下ろしてくれた。「名前のない母子」というテーマを扱う本を執筆するのであれば、やはりその支援のパイオニアである彼女の言葉は欠かせない。

私は2007年以降、ほぼ毎年、学生たちを連れてドイツに行っており、彼女のいるデボラの家も何度か学生たちと共に訪れている。その際には、いつも温かいベルリンの郷土料理を用意して、快く出迎えてくれる。

今回、彼女に執筆を依頼した際には、「私は文章を書くのは苦手だわ」と話していたが、実際に手にした彼女の文章は、簡潔で、しかもその本質に基づいて、彼女の実践哲学を端的に示している。

「私たちがすべきなのは、これまでも、これからも、国のセーフティーネットから零れ落ち、行政の目の届かないところにいる人々の存在をみつめ続けることである」、という彼女の言葉は、これからの日本の支援制度を考える上でも、とても重要なメッセージとなるだろう。

付記すると、実は蓮田先生も、このシスター・モニカ氏と無関係ではない。彼がドイツの赤ちゃんポストの視察に行った際、実はこのデボラの家の前身である『子どもの家ひまわり』を訪れている。ゆえに、一度は対面しているはずなのである。

さらに、バイエルン州アンベルクのドーヌム・ヴィテ現代表であるヒルデ・フォルスト氏の協力を得ることもできた。フォルスト氏は、ドイツで長年妊娠葛藤相談に携わってきたエキスパートである。日本では聞き慣れない「妊娠葛藤相談員」という立場から、その仕事の内容について簡潔に説明してくれている。

このフォルスト氏の前任としてドーヌム・ヴィテ・アンベルクの代表を務めたマリア・ガイス＝ヴィットマンは、匿名出産の提唱者であり、また内密出産の礎をつくり上げた人物でもある。

本書の趣旨を理解し、快く協力して下さった方々には、改めて御礼申し上げたい。名前のない母子への支援は、日本国内だけの問題ではなく、今日の世界全体の問題なのである。シスター・モニカ氏は、現在、欧州に押し寄せる難民の中に含まれる妊婦の相談支援及び同伴支援も行っている。シュテルニパルクも、2015年、ドイツに押し寄せてくる難民の子どもの支援を行う施設を新たに開設している。

そしてもう一つ、ここでどうしても記しておきたいことがある。

それは、こうのとりのゆりかごに預けられた子どもたちのことである。そう遠くない未来、こうのとりのゆりかごに預けられた子どもたちも大人になり、自分の「過去」を知り、それと向き合い、自分自身を問う日がやって来るだろう。「私はいったいどういう存在で、なぜ赤ちゃんポストと呼ばれる場所に預けられたのか」、と。

その時に、本書がこの問いと向き合うための一冊になることを願っている。

正直なところ、どれだけこの問題について研究しても、どれだけ文献を読んでも、赤ちゃんポストに預け入れられた子どもの気持ちは、想像することもできないし、分かってあげることもできない。自分の両親が誰なのかが分からない苦しさや寂しさ、あるいは葛藤、混乱、孤独、不安、そして、誰にもそのことを分かってもらえない悲しさなど、他の人には決して経験し得ない気持ちを抱くに違いない。

けれど、赤ちゃんポストを設置した蓮田先生も、またドイツの支援者たちも、その「あなたのいのち」を守りたい、そして、幸せな人生を歩んでもらいたいと願って、この取り組みを始めたのは、紛れもない事実である。

皆、あなたの幸せを願っている。

最後に、本書のきっかけを与えてくださった北大路書房の奥野浩之氏と若森乾也氏に心から感謝申し上げたい。

とりわけ奥野氏におかれては、２０１３年に拙書『赤ちゃんポストと緊急下の女性――未完の母子救済プロジェクト』を同社より刊行した際にも多くのご助言を得た。それからしばらくして、氏から「もう一石投じましょう」とのご提案を頂き、氏との議論を幾度も重ね、このような形となった。二人で熊本に出向き、蓮田先生と三人で本書の実現に向けて話し合いを行ったこともあった。彼の尽力なしには、本書は実現し得なかっただろう。心から御礼申し上げたい。ありがとうございました。

２０１６年２月１日

柏木恭典

付記　本書の内容の一部の執筆に際して、科学研究費助成事業（研究課題番号：26750355）の支援を受けている。

■参考文献

Adorno,Theodor, W. 1966=1971 *Erziehung zur Mündigkeit.* Suhrkamp Verlag. [原千史・小田智敏・柿木伸之（訳） 2011 「アウシュヴィッツ以後の教育」『自律への教育』 中央公論新社]

今井康雄 2015 『メディア・美・教育』 東京大学出版会

医療法人聖粒会熊本慈恵病院（編） 2013 『「こうのとりのゆりかご」は問いかける－子どもの幸せのために－』 熊本日日新聞社

遠藤順子 2005 『手間ひまかける気を入れる－家族が家族であるために』 女子パウロ会

柏木恭典 2013 『赤ちゃんポストと緊急下の女性－未完の母子救済プロジェクト－』 北大路書房

柏木恭典 2014 「マリア・ガイス＝ヴィットマンの教育思想と匿名出産－ドイツにおける匿名支援と社会教育の関連について－」 千葉経済大学短期大学部研究紀要 10

柏木恭典 2015 「シスター・モニカと緊急下の母子への匿名支援－入所型支援から通所型支援へ－」 千葉経済大学短期大学部研究紀要 11

柏木恭典 2015 『学びの実践学－教師に必要なこと、ラーメン店主の学びにあり－』 一茎書房

金澤文雄 2002 「妊娠葛藤相談制度の導入への提言」『岡山商科大学法学論叢』

菊田昇 1979 『天使よ 大空へ翔べ 一産婦人科医師の闘い』 恒友出版

菊田昇 1988 『お母さん、ボクを殺さないで!－菊田医師と赤ちゃん斡旋事件の証言－』 暁書房

Kübler=Ross, Elisabeth 1969=1997 *On death and dying,* Scribner.

熊本県立大学（編） 2009 『「こうのとりのゆりかご」を見つめて』 熊本日日新聞社

「こうのとりのゆりかご」取材班（編） 2010 『揺れるいのち－赤ちゃんポストからのメッセージ』 旬報社

SterniPark 1996 *Wohlers Allee Nr.58.* SterniPark e.V.

生命尊重センター 2014 『お腹の赤ちゃんを応援して 30 年』 生命尊重センター

田口朝子 2012 「妊娠葛藤の質的構造－妊娠から出産に至るまでの女性たちの悩みの声－」『生命倫理』通巻 23 号 日本生命倫理学会

蓮田太二 2007 「赤ちゃんポスト設置の決意」『Voice』7 月号 PHP 研究所

Biersack, Christiane 2008 *Babyklappe und anonyme Geburten –Die soziale Situation von Findelkindern und abgebenden Müttern.* VDM Verlag

Bundesministerium für Familie, Senioren, Frauen und Jugend 2014 *Die vertrauliche Geburt.* Publikantionsverband der Bundesregierung.

Pestalozzi, Johanne Heinlich 1783 *Über Gesetzgebung und Kindermord,* Klett & Balmer. [田尾一一（訳） 1951 「立法と嬰児殺し」『ペスタロッチ全集』第五巻 玉川大学出版部]

松本健一 1990 『蓮田善明 日本伝説』 河出書房新社

三島由紀夫 2003 『師・清水文雄への手紙』 新潮社

Moysich, Jürgen 1990 *Alternative Kindertageserziehung.* Brandes Apsel.

Moysich, Jürgen & Kaiser, Heidi 1991 *Der Kindergartennotstand,* Piper.

Moysich, Jürgen(Hag) 1998 *Holocaust - Ein Thema für Kindergarten und Grundschule?.* Krämer, Reinhold.

Moysich, Leila 2004 *Und plötzlich ist es Leben. Eine Babyretterin erzählt.* Europäische Verlagsanstalt.

矢満田篤二・萬屋育子 2015 『「赤ちゃん縁組」で虐待死をなくす 愛知方式がつないだ命』 光文社

■著者紹介

蓮田 太二（はすだ・たいじ）

1936 年　台湾に生まれる
1962 年　熊本大学医学部卒
1963 年　熊本大学医学部産科婦人科学教室入局
1969 年　社会福祉法人聖母会琵琶崎聖母慈恵病院
1971 年　同上院長就任
1978 年　医療法人聖粒会　慈恵病院を設立。病院の運営を移管。
　　　　理事長就任
2007 年　「こうのとりのゆりかご」設立。運営開始
2011 年　病院長兼務

《主著》
『手間ひまかける　気を入れる～家族が家族であるために～』（共著）
　女子パウロ会　2005 年
『「こうのとりのゆりかご」を見つめて』（共著）
　熊本日日新聞社　2009 年
『こうのとりのゆりかごは問いかける～子どもの幸せのために～』（共著）
　熊本日日新聞社　2013 年

柏木 恭典（かしわぎ・やすのり）

1975 年　三重県四日市市に生まれる
2004 年　東京大学大学院教育学研究科博士課程中途退学
現　在　千葉経済大学短期大学部こども学科准教授

《主著》
『学びの実践学－教師に必要なこと、ラーメン店主の学びにあり－』
　一茎書房　2015 年
『赤ちゃんポストと緊急下の女性－未完の母子救済プロジェクト－』
　北大路書房　2013 年
『保育士採用試験 短期集中マスター』（共編者）
　ナツメ社　2013 年
『学校という対話空間－その過去・現在・未来－』（共著）
　北大路書房　2011 年
『離婚家庭の子どもの援助』（訳）　同文書院　2008 年

名前のない母子をみつめて

——日本のこうのとりのゆりかご　ドイツの赤ちゃんポスト——

2016年4月10日　初版第1刷印刷
2016年4月20日　初版第1刷発行

定価はカバーに表示してあります。

著者　蓮田太二
　　　柏木恭典

発行所　(株)北大路書房
〒603-8303　京都市北区紫野十二坊町12-8
電　話(075)431-0361(代)
ＦＡＸ(075)431-9393
振　替　01050-4-2083

編集・制作　仁科貴史
装幀　下谷純代
印刷・製本　(株)太洋社

ISBN 978-4-7628-2933-8　Printed in Japan©2016
検印省略　落丁・乱丁本はお取替えいたします。

・JCOPY〈㈳出版者著作権管理機構 委託出版物〉
本書の無断複写は著作権法上での例外を除き禁じられています。
複写される場合は，そのつど事前に，㈳出版者著作権管理機構
（電話 03-3513-6969,FAX 03-3513-6979,e-mail: info@jcopy.or.jp）
の許諾を得てください。

赤ちゃんポストと緊急下の女性

― 未完の母子救済プロジェクト ―

柏木恭典 著

緊急下の女性という最も暗き存在に光を当て，改めて「赤ちゃんポスト」という装置の本質的な課題に迫る。ドイツでの最新の実態や研究の動向，国内での取り組みを詳説。児童福祉および社会的養護の在り方を問いかけ，今後の議論の基盤をつくる。

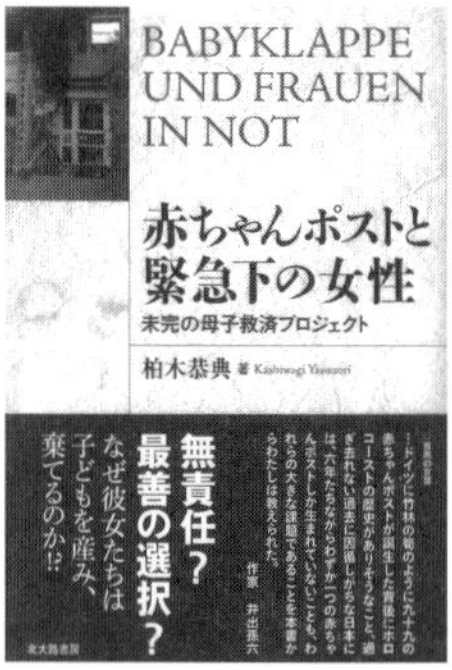

A5 判・288 頁
本体 2400 円＋税
ISBN978-4-7628-2805-8

目　次

ステージⅠ ― 赤ちゃんポストと出会う
第１章　妊娠と出産，その光と影：すべての母親が幸せに赤ちゃんを産むわけではない
第２章　赤ちゃんを捨てる女性たち
第３章　緊急下の女性と赤ちゃんポスト
ステージⅡ ― 赤ちゃんポストを議論する
第４章　ドイツの赤ちゃんポストの歩み
第５章　ドイツ語圏の赤ちゃんポストの現実
第６章　赤ちゃんポストを必要とする女性たち：緊急下の女性への視座
第７章　赤ちゃんポスト批判を問う
ステージⅢ ― 赤ちゃんポストから緊急下の女性へ
第８章　赤ちゃんポストの歴史的地平
第９章　日本の赤ちゃんポスト：「こうのとりのゆりかご」と蓮田太二
第10章　赤ちゃんポストと社会的養護
第11章　赤ちゃんポストと教育学

作家　井出孫六氏推薦！